伊豆
到
京有
から
はどのくらい遠

從伊豆
到
北京有多遠

伊豆から
北京はどのくらい遠いのか

加藤嘉一

山路變得彎彎曲曲，快到天城嶺了。這時，驟雨白亮亮地籠罩著茂密的杉林，從山麓向我迅猛地橫掃過來。

——川端康成《伊豆的舞孃》

目次

發現中國發現日本

自序
從伊豆到北京有多遠

二〇〇八年對我來說很不尋常。是我二十四歲的本命年，是我從在華留學生活的基地——北京大學畢業之年。二〇〇三年「非典」（SARS）高峰時以「三無狀態」（不會中文；沒有中國朋友；沒有人民幣）來到中國的青澀少年，這時已變成了一位受到關注的觀察者和寫作者，這一年，也是中日和平友好條約簽訂三十周年和中國改革開放三十周年。

我在華留學的五年時間非常充實，令人滿意。剛剛享受並適當參與北京奧運的活動後，可以輕鬆離開北京，面對下一個階段的生活，難道不是很完美的結局嗎？

結果卻並沒有這樣圓滿和順利。七月畢業之際，我感到無法解決的困惑：畢業後該怎麼辦？高中畢業後緊接著來北大留學，順利得超出預計，也許因爲太順利了，才無法確定下一步的規劃。之前，筆者從日本、歐美等一百五十家左右的機構和企業拿到了所謂「offer」，都不是我主動申請的，都是對方主動邀請的。其中的一家開出了年薪一百萬人民幣的高酬，說沒動過心是騙人，但最終我放棄了，不止放棄了這一家，而是拒絕了全部

offer。不爲什麼，只是直覺：中國這個二十一世紀舉世矚目的國家，值得而且有必要繼續跟蹤、觀察。目睹了中國成功舉辦奧運，難道奧運剛過就走了？這樣太功利了吧？

當時許多日本長輩建議我立刻離開中國，理由是「你在中國已經做得很不錯了，已經沒什麼可做的了。從長遠發展看，過多沉浸於中國對你並非有利，應該換個環境，先回國工作一段時間，或者去美國留學」。長輩們說的也許很正確，很合理。長期觀察中國是應該的，但必須變換個角度和環境，這樣才能使觀點和立場更加平衡而客觀，也才能避免被有色眼鏡看待，淡化在一些人眼中「加藤是個親華派」的印象。去美國是個不錯的選擇。日本人對美國的依存度和忠誠度是非同一般的。對我來說，既瞭解中國，也瞭解美國，瞭解決定未來日本走向的兩個大國，這樣才能平衡自己的未來立場，才更有可能被日本主流社會、主流部門與人士所接受。

後來我沒有聽取長輩們的建議，自己決定留在中國，繼續觀察「後奧運」的中國。剛剛完成了具有歷史意義的奧運大盛典，我本以爲一切都會平穩下來，自己也可以稍微靜下來，做安靜的觀察與思考。但始料未及的是，二〇〇九年的大事毫不亞於二〇〇八年，金融危機的影響、五四運動九十周年、「七・五」事件、綠壩、閱兵、打黑、地王、甲流、保八、歐巴馬訪華、減排以及哥本哈根……大時代和大環境持續地考驗著中國人的意志和毅力，似乎是爲了看中國人能否挺住，如何走出去和引進來，如何盡可能理解來自西方的聲音和壓力，並讓往往對中國帶著傲慢與偏見的外國人能以此爲契機改變對中國的印象。

在國家社會轉型中的關鍵時刻，中國人面對的環境，可謂毫不平坦，毫不輕鬆。

二〇〇九年過去，迎來了二〇一〇年。此刻，我無法判斷，當時拋開一切機會和建議，留在中國繼續觀察，這一選擇是正確，還是錯誤。這個只能等到將來才能進行恰當的評估。不過，即使到時候的評估證明自己當時的判斷是錯誤的，我也不會後悔，也不會感到絲毫的遺憾。

前幾天跟一位我國領導人聊天，他竟十分贊同我當時的選擇，畢竟中國的國情很特殊，不能以一般的經驗主義去看待，他說：「你還是很有眼光的。」但他接下來口氣一轉：「但你看起來很疲憊，透支得很厲害。爲了你的健康，也應該放鬆下來，換個角度觀察中國也很有意義的。你就以維護健康、擴大視野爲理由，明年離開中國吧。」筆者回應說：「您說得頗有道理，其實去年沒離開，給了自己一個藉口：被大國誘惑了。從人生的長河看，我寧願被大國誘惑，這是值得的。」

我仍不知二〇一一年會在什麼地方，在做什麼，就像絕大多數中國八〇後對自己的未來也無法把握，茫然浮躁一樣。唯一可以肯定的是，在今天的中國，不管是中國人還是外國人，年輕人還是中年人，領導人還是老百姓，都帶著矛盾與困惑奮鬥著，彷彿這是和中國特殊的國情和特殊的階段相互聯結，與生俱來似的。

但無論如何，還是那句話：不管今天如何，明天依然會繼續。

在這裡，請允許我向各位讀者稍微解釋一下寫作這本書的初衷。這是我自己二十五年人生的回憶錄，也是寫給正在與癌症拚命抗爭的父親看的。這本回憶錄也是我對父親的「送別書」。任何一個人出生都不是經過自己的意志，而是由父母的意志決定的，我是「被」生下來的。沒有父親和母親，自然或必然沒有我這個生命的誕生。每逢生日，四月二十八日，我都深深感謝父母，那一天，被慶祝的不應該是被生者，而是應該感謝孕育生命並撫育生命的父母。假如我將來有了孩子，他或她一定也會爲我祝福的。這是我理解的生命的邏輯、生命的倫理。

本書從我的降生談起，依次描寫了我從幼年到現在的全部生活。調皮的我，當「童工」的我，與黑道談判的我，從事長跑的我，來華留學的我，在中國成長和發展的我……我在「SARS」高峰時到達北京，我的第一天是怎麼過的？我是怎麼學了中文這一最難掌握的古老語言的？我在北京是怎樣生活的？我是如何看待最高學府北京大學的？我如何評價中國教育現狀？我跟中國年輕人如何交流感情、碰撞思想？汶川地震後我做了什麼？奧運期間我是怎樣度過的，有哪些特別的經歷和感觸？我和中日領導人有哪些接觸？我如何分析崛起中的中國現狀，如何預測其前景？「觀察中國，反觀日本」是我在中國扮演觀察者過程中奉行的座右銘。那麼，我如何反觀祖國的內政和外交？在中國，我有沒有獲得對日本有用的新的發現和啓示？中國人和日本人有沒有可能超越歷史，和諧共處？

這些問題，在書中都有或深或淺的表達。我的經歷也許並沒有那麼跌宕起伏，但也絕非平淡無奇；我的觀點也許並非那麼無懈可擊，但卻十分眞誠。希望大家把這看作一個正直的日本青年心聲的傾訴，表達的是一個目前仍生活在中國的日本八〇後的眞實的人生觀與世界觀。我的人生觀和世界觀是這樣而不是那樣，其中有深深的中國經歷在起作用。

二〇一〇年三月五日寫於北京某角落

再序

前進中的運動員

這次來寧（南京）是第三次。去年六月，我的小自傳《從伊豆到北京有多遠》由江蘇文藝出版社出版之後，首次來到這裡。是為了做三場跟這本書有關的活動。昨天下午，我到玄武門附近的鳳凰國際書城做演講、簽售，主題是「年輕人該怎樣生活」。晚上開車半個小時左右，到達南京大學仙林校區，在一千左右學生面前演講，圍繞跨國語境下的成長問題，跟將承擔國家未來的後備軍進行心心相印的交流。我也得到了南大團委的支持，還受到了出席二〇一二年南大一百一十周年校慶的邀請，讓我感激。

晚上回到鳳凰台酒店，繼續寫作，發發微博，二十四時睡覺。我「睡眠力」很好，入睡一般不用一分鐘。過了六小時，起床，繼續寫作，我平時在日本、中國以及歐美的媒體上要寫大量的文字。說實話，手已經麻木了，感覺有些失控，卻不得不面對，無可奈何。我不知道這種狀態對不對，真的不知道，但既然選擇了，抑或，至少被選擇了，就只好一路向北。

下午一時退房，跟江蘇文藝出版社的工作人員吃南京當地的飯，喝了我最喜歡的鴨血粉絲湯，然後，一起前往先鋒書店。走進地下的先鋒，規模很大，有人還說，「先鋒是中國最大的民營書店」。錢老闆還給我介紹，「我要做創新型的產品，還要給南京的讀書人建立新的生活模式」。

做完先鋒書店的講座和簽售活動。現在，南京時間十八時二十分，到了北京西路三十九號的「三十九號公館」這一令人體驗民國時代的建築裡用餐，還見到了出版社的領導。感謝江蘇文藝出版社的同志們的熱情款待，我在南京度過了美好的時光。

我是前天到了南京的。南京是最讓我欣賞的中國城市。我聞到了文化的味道。南京是古城，曾經是中國的首都，現爲江蘇省的省會。這個城市不斷邁向現代化的道路，地鐵建設得很到位，我不知爲什麼，中國不少城市已建設了，或正在建設地鐵，但至少對我來說，坐南京的最令人舒服。

它也保留了許多傳統的因素。喜歡跑步的我，瞭望著玄武湖畔以及周圍的風景，溜達溜達，正是一種享受。說實話，二〇〇八年，第一次來到南京的時候，我有些害怕，原因可想而知。我是日本人，這是事實面前的鐵證，日本與南京，曾經發生過不幸的、慘痛的歷史。我們日本人，應該永遠抱著謙卑的心態，面對「那場戰爭」。

很不幸，三月十一日下午，在日本發生了大地震、大海嘯，還引發了核洩漏的危機。地震發生時，我正好在東京高樓開會，經歷了人生中第一次遭遇的災難。日本全民依然在奮鬥，災後重建將成爲長期的過程。我猶豫了半天，「要不要離開祖國，日本陷入這麼大危機的時候，自己離開合適不合適？」

我的回答是，還是要回自己的戰場——中國。我在日本也做不了什麼，我又不是抗震救災的專家，不如回到自己能發揮作用的地方。三月十五日，我就按原計畫回到北京，立即到鳳凰衛視做了《鏘鏘三人行》，在竇文濤的主持引導下，跟同樣剛從日本回來的梁文道共同回顧了地震，探討了日本以後怎麼樣，中國又應該從中吸取哪些教訓。隨後，我在央視、鳳凰衛視等持續參與地震相關的評論工作，從早到晚，利用深夜時間寫作。我至今四天沒什麼睡覺，卻覺得很值得這樣做，把我的親身經歷跟中國朋友分享，共同思考如何克服大災難。畢竟，地震無國界，友誼更無國界。

我就這樣來到了美麗的南京，這一令人渴望和平的城市。計畫沒有改變，也沒有被改變。堅信，我的選擇是正確的，南京又一次給我了和平的力量。所以，我要堅持，堅持才是力量。

二〇一一年三月二十日寫於南京三十九號公館

楔子

一月二十一日晚上十一點，剛剛下飛機，從廣州回到了北京。全身都疲倦，剛上了出租車，手機響了，「這麼晚，誰打電話來了，眞不禮貌……」對方號碼好像是亂碼，應該是從海外打來的。唉聲歎氣，勉強去接。

「Hello……」

「是嘉一嗎？」一聽就明白，嚇了一跳，居然是我母親打來的。

「噢，媽媽，您怎麼了？怎麼這麼晚打電話？」

母親說：「剛才我打了你手機好多次，但一直關機，終於打通了。」

「噢，對不起，我剛下飛機呢。」

我很少跟母親通電話，我們母子之間一向有著心靈相通的默契，除非有什麼急事或大事，我們一般是不通電話的。有個說法叫做「There is no news, it's good news（沒有消息，就是好消息）」。母親這麼晚打電話來，肯定是出了什麼事情。我在一瞬間調整狀態，做好心理準備，安靜地跟母親說：

「媽媽，出了什麼事嗎？您的聲音好累啊，沒事吧？」

「嘉一……爸爸生病了。」

「什麼？他得了什麼病？上次不是說他腸胃不好，醫生說要吃藥嗎？」

「嗯，我本也以爲是腸胃出了點小毛病而已。後來醫生說……」

母親的聲音發抖，我能感覺到她已經流了眼淚，很想去擁抱她。

「媽媽，您別著急，慢點說，父親得了什麼病？」

「胰腺癌，他得的是胰腺的癌症。」

「……」

「嘉一？你在嗎？嘉一……？」

「嗯，我在。媽媽，爸爸得的病是癌症，胰腺癌，是嗎……有沒有可能醫生搞錯了呢？」

「是我親自去醫院打聽的。醫生說，癌細胞已經轉移了……轉移到其他內臟了，動不了手術，已經晚了……」

我曾經查過，胰腺癌是所有癌症裡面最「麻煩」而難以治療的。胰臟位於胃的後面，即使一個患者那裡得了癌症，也是不容易發現的。當被醫生發現的時候，往往都處於「轉移」的狀態，而「轉移」對治療癌症來說意味著「致命」——不轉移難以被發現，被發現已造成轉移，這是胰腺癌的矛盾，醫學界至今還沒找到克服的良策。

幾秒鐘內想了這麼多，腦中一下子變成了空白，忽然間聽到了母親的叫聲。

「嘉一，你聽到嗎？二十五日下午五點鐘，擔當的醫生說必須讓我們所有家人過來，聽他親自解釋爸爸的病狀以及今後治療的方法。我說了長子在國外，恐怕無法回來。但醫生說，必須所有人參加，說這是規定。嘉一，你說呢？你能回來嗎？」

我端正姿勢，腦子裡立刻過了一遍接下來幾天的日程安排，有許多重要的事情，但再重要，也沒有比父親的病狀更重要的事情啊！我跟母親說：

「媽媽，我能回去，明天二十二日一早就訂機票，二十五日下午一定在醫院。訂完機票後馬上通知您時間。媽媽，您先別著急，二十五日好好跟醫生溝通，然後大家一起商量，決定今後怎麼應付，好嗎？」

母親還是老樣子，老擔心給我添麻煩：「嘉一，對不起，我知道你很忙，有很多事情，千萬不要勉強，如果有事情，我來跟醫生解釋一下你來不了。」

突然想起少年時代。母親一向這樣。我們家過去遭遇過許多生活上的困難，也經歷過無家可歸的局面。爸爸的公司破產，母親拚命賺錢照顧我們，逃債的日子，母親是最累的，十多年的奮鬥，辛辛苦苦地養大我們三個孩子……每當聽到母親跟我說對不起，我都控制不住情緒，忍不住想流眼淚……

「媽媽，現在正是需要一家人團結的時候。要是我這個長子此刻不發揮作用，我爲什麼活著？我會後悔一輩子的。您不要擔心，我一定把事情安排好，等我消息。您那邊已經過了十二點吧，不早了，您早點休息，好好睡覺，好嗎？」

「嘉一，謝謝你。你也不要太拚命，早點休息。」

「謝謝媽媽，我明白了。晚安。」

「嗯，晚安。」

接下來，我在計程車內給有關人士打電話，把未來幾天的所有安排都推掉了，沒說理由。

匆匆忙忙地回到北京的家，看了手錶，過了十二點了，躺下來，不知爲什麼，睡不著覺——那天晚上是我長到這麼大第一次徹底失眠。

天亮了，在沙發上坐著，什麼都不想，到了八點，給航空公司打電話訂機票。訂了第二天（二十三日）早上北京飛往東京，二十六日早上東京飛往北京的往返票，一共人民幣三千八百元（含稅）。確定可以回國了，立刻給母親打電話好讓母親安心。我接著開始在腦子裡計畫回北京後的安排：二十六日中午十二點多到達北京，下午三點到中國人民大學附近的鳳凰會館參加鳳凰衛視《鏘鏘三人行》的節目錄製，談「撤銷駐京辦」；晚上回家寫《金融時報》專欄；二十七日下午參加圖書策劃會議；晚上參加深圳衛視《二十二度觀察》的錄製，談「二〇一〇年中日關係會不會大突破」；二十八日上午飛往上海，參加二十九日下午「第一財經」《頭腦風暴》節目錄製，談「二〇一〇中日經濟大猜想」，完了開個圖書策劃會議；三十日凌晨寫篇給日本媒體的文章，白天在上海參加一系列會議，晚上回京；三十一日早上飛往遼寧展開調研活動……

沒問題，很清楚，先安心地回國處理家裡的事情吧，好好跟家裡人溝通，安撫母親、弟弟和妹妹。當然，盡量保持平常心，心貼心地跟爸爸交流，是最重要的。

回到日本的家，看到父親就說不出話：他瘦了很多，原來有八十公斤的體重，母親說先是下降到六十公斤左右，如今只剩五十多公斤了……整個人都變相了，原來那麼愛吃肉的父親，連粥都不能好好地吃了。他還一直睡不著覺，胃後面的胰腺太痛了，坐著很痛，躺著很痛，換什麼姿勢都痛，是不可忍受的慘痛，不可避免的巨痛。

父親看到妹妹（二十二歲）的孩子時顯得十分高興。畢竟當了姥爺（外公），跟外孫玩是最幸福的。看到爸爸幸福的樣子，我心裡也稍微踏實了一點。謝謝妹妹！

二十四日是周日，一家五口人相聚，我們一起出去買菜，做菜，吃了火鍋。在日本，火鍋是一家人團聚的家常菜。好久沒有吃母親做的菜了，母親做的菜至少對我來說是世界上最好吃的。可惜，爸爸吃不下，只能嘗一點點，但聽母親說，比起前一陣，父親食欲算是好的了，長子從北京回來了，爸爸也很高興，雖然他傷了元氣，不能像從前健康時那樣表達感情，但我能感覺到，爸爸歡迎我回家。

二十五日，這一天，父親要接受特別的治療，住一天的院。從事福利醫療方面工作十多年的母親先帶著父親出門，然後妹妹的老公開車帶著我、弟弟、妹妹和妹妹的兒子過去。下午五點，父親睡覺，我們四個人被父親的主治醫生叫上，我們一起走進了他的房間。

醫生開始解釋父親的病狀。我感覺到醫生在儘量保持平靜。他說的內容跟我原來聽母親說的基本沒有差別。醫生安靜地說，「父親得的是胰腺癌，已經轉移到其他內臟，不能動手術了，只能通過抗生素等方式盡量進行治療。」醫生接下來開始說明即將展開的治療方式和治療程序。氣氛很沉重。突然間，妹妹高聲地問醫生：「醫生，父親的病狀，有沒有可能治好？」醫生顯得很痛苦，他應該曾經接觸過無數個像我們這樣的家族吧。過了一陣子，他搖頭……

「我這樣說，親屬們肯定很難過，但實話實說，父親的病狀已經是晚期了。胰腺癌是最難以發現，治療起來也無比困難的。從過去的經驗看，我是沒有遇到過到了父親這樣的地步，還能被拯救的患者。」

我問醫生：「醫生，您估計父親的壽命還有多久？」

醫生回答說：「壽命我不好確定，還要看父親努力治療的情況。但從過去的經驗看，最快三個月，最長六個月吧……」

沉默了一會。母親臉色不好，我就代表家族向醫生表示謝意：「謝謝您的解釋，今後對父親的治療，請您多多關照。」

離開房間，我們四個人走到大廳，坐下來，又是沉默。第一個流眼淚的竟然是長子嘉一。回想起幼年時代、少年時代跟父親度過的日子，我怎麼也忍不住淚水。我是給父母增加負擔最多的人，曾給他們添過很多麻煩。妹妹過來擁抱我：「哥哥，你別哭了，爸爸沒事的……」妹妹始終是我最依賴的、最可靠的親人。她很有責任感和處理事情的能力，人也很堅強，很聰明，很有思想。比我小一歲的弟弟一直沉默，什麼都不說，一個人沉默著。母親跟我們三個孩子說：「我們好好照顧、支持爸爸吧，讓他盡量過好晚年，四個人有效分工，一個人爲大家，大家爲一個人。加油吧！聽到了沒有嘉一！你別哭了，你不是老大嗎？」

迄今爲止，父親每天忍耐著殘酷的治療，頑強地奮鬥著、生存著。有豐富福利醫療經驗的母親每天陪著他，三個孩子根據目前的工作狀況，分工爲父親的治療各盡其力。一月二十五日醫生的「最後通告」已經過了四十天了。爸爸在奮鬥，我們在奮鬥，絕對不輕言放棄，一家五口人一起，團結奮鬥……

我想告訴父親：您的兒子長大了，從艱難的少年時代走出來，在人生中的第二個舞台——中國好好地過著日子。您養育的兒子，已經吸收了智慧，可以稍微思考東西、表達意見了，也可以貢獻社會了，雖然還只是一點點。這一切都是您的功勞。最簡單的事實是，沒有您，就沒有我。我們是命運共同體。爸爸，您聽到兒子的心聲了嗎？

我挺好的，將好好把這一輩子過下去。您的快樂，您的痛苦，您的作風，您的思想，您的成就，還有，您的遺憾……兒子都將銘記著，並沿著您爲我打開的人生之路，勇敢地走下去，無論如何，都堅持到底……

二〇一〇年三月五日寫於北京

PART 1

逆風而走——我的自傳

別輕易以爲有明天

「山路變得彎彎曲曲，快到天城嶺了。這時，驟雨白亮亮地籠罩著茂密的杉林，從山麓向我迅猛地橫掃過來。」——川端康成《伊豆的舞孃》

「伊豆」（Izu）這地名，許多中國朋友應該很熟悉，就是日本首位諾貝爾文學獎獲獎作家川端康成一九二六年發表的短篇自傳性小說《伊豆的舞孃》中描寫的那個地方。小說描寫了二十歲的「我」（應該是川端本人），一個日本舊式高中的學生，在去伊豆天城山旅行時，與一位十四歲的舞女發生初戀的故事。小說和根據小說改編的電影，對「伊豆」這個地名知名度的提升起到了很大的作用，因爲這部小說和同名電影，很多人才知道了「伊豆」，許許多多的國內外遊人才慕名來到伊豆。

「天城」（Amagi）橫貫伊豆半島東西，從中間將伊豆一分爲二，分別稱爲北伊豆和南伊豆。天城有個「湯島溫泉」，湯本館旅社正是川端康成寫《伊豆的舞孃》的地方。湯島位於天城山北側山麓的最南端，周圍有著成片美麗的雪松林，綿延的狩野川在此形成很深的溪谷，河水清澈見底，溪邊栽種著大片的芥末。這個地區自古就受許多文人的喜愛。《伊豆的舞孃》不止一次被改編成電影。最有名的是一九七四年由山口百惠和三浦友和合作演出的同名影片《伊豆的舞孃》。這對金童玉女在影片中把一對少男少女之間那種純眞、朦朧的初戀情愫演繹得入木三分，十分感人。

因爲寫作本書，我又重新翻閱了川端康成的小說《伊豆的舞孃》，小說第一句中描寫的情景，一下激起了我對母親生長的伊豆半島之東入口熱海（Atami）的懷念。這個不僅繁華，而且氣候溫暖、風光明媚的觀光地區，到處都是彎彎曲曲的山路，不是上坡就是下坡，沒法騎自行車，沒有城市地鐵，要麼乘公車，要麼就只能走路，生活不太方便。

生活不便的另一個原因是物價昂貴，原因可以歸結爲它是旅遊勝地。作爲日本著名的旅遊勝地，它有著久遠的旅遊傳統，濃縮著獨特的歷史意蘊。在江戶時代，以德川家康爲首的許多將軍、大名（古代封建領主）都曾來熱海參觀，許多文人墨客也對這個地方情有獨鍾。很多名人在此擁有自己的別墅，著名作家谷崎潤一郎就是其中之一。

熱海是個很漂亮的城市，它的天然露天溫泉、美麗的海景、勾人胃口的海鮮，對遊客都有極大的誘惑力。海鮮是伊豆的名產。伊豆半島三面環海，海產豐富，有美麗的金眼鯛、又甜又新鮮的鮑魚、烏賊、伊勢蝦、河鱸、海螺和竹筴魚等，品質好，味道佳。那裡的早市人氣旺盛，非常熱鬧，充滿活力。我們那裡的人習慣吃生魚片（日文叫「刺身」Sashimi）。日本人普遍有吃生魚片的習慣，伊豆的居民尤爲喜歡，生魚片是他們食譜中不可缺少的內容。在伊豆，生魚片也好，壽司（Sushi）也好，價格都比中國國內便宜。我小時候經常早上去位於港口、早市旁邊的壽司店，「一小時壽司自助」一千日圓，可以享用包括所有高檔、中檔、普通的壽司，新鮮度絕對有保證，選用的材料稱得上是極品的。眞正新鮮的生魷魚是透明，而不是白色的。

熱海的地理位置也不錯，交通很方便，從東京站坐一九六四年（東京奧運年）正式運營、世界上首例高鐵——新幹線東海道線，一個小時就到了。這條新幹線由川崎重工建造，行駛在東京—名古屋—京都—大阪之間，車速每小時三百公里。許多居住在東京的有錢人，喜歡選擇熱海作爲度假地點。

熱海這個城市近年來也陷入「超老齡化」的陷阱。每當我回熱海，都能感覺到這個老城的日益老齡化，年輕人高中一畢業就離開那裡，到東京上學、就業，不再回來。隨著醫療技術的發達，越來越多的人更加長壽，這些長壽的老人往往無事可做。因在熱海找工作不容易，很多中年人也開始選擇到其他城市去找尋工作機會。熱海沒有重工業，輕工業也不發達，主要靠大自然賜予的自然環境吸引遊人來製造就業機會，但近年來因爲經濟不景氣，旅遊產業也沒有原來那麼紅火了，這個靠旅遊觀光支撐的城市，發展面臨著嚴峻的形勢，似乎有點難以爲繼的感覺。但這個地方的位置和環境實在太好了，離東京那麼近，只有一百零五公里，又擁有代表日本風貌的自然環境和人文積澱，還有著讓人感到非常親切的人情味，相信，在經過一段時間的盤整後，找對合適的管理和經營人才，配合好的政策，一定會重塑她昔日的輝煌。

伊豆是個半島。伊豆半島位於靜岡縣的東部，分成東伊豆、南伊豆、西伊豆和中伊豆，有山有水，但自然災害也多，經常遭遇颱風、地震、洪水等。從伊豆往北看就是日本最高的山——富士山（三七七六公尺），這座山跨越靜岡縣和山梨縣。日本的行政劃分爲四十七個「都道府縣」，除了「東京都」、「北海道」、「大阪府」之外，都是屬於「縣」，這個縣可不是中國的「縣」，而是相當於中國的「省」。

我對中國朋友介紹自己，一般不說來自「靜岡縣」（對日本人則說「我是靜岡出身」），因爲幾乎沒有人知道這個縣，說「我是伊豆人」，絕大多數的中國人都能明白我是哪來的，這麼說能很快能拉近心理上的距離，很管用。

我生於一九八四年四月二十八日凌晨，伊豆的某所大學醫院。我出生的兩個小時前，就是我母親辛辛苦苦忍耐著、奮鬥著把我生下來之前，發生了使得在外面等待的父親感到震驚、悲痛的一件事——我奶奶去世。我是後來到了五歲（我記得是這個時候）才聽父母說到這件事的。是命運的分裂，還是天意的擺弄？父母對我說：「你在母親懷裡的時候，最興奮的是奶奶，她一直很期待見到你，沒想到你們倆『交接』，一個走了，一個來了。我們都認爲你是她的『後身』，爲了她，你要好好活下去，以無愧於她對你的期望。」

從小到大，我每年都去奶奶的墳墓那裡。日本人普遍有拜墳墓的習慣。墳墓一般都位於山下，附近能看到寺廟。每次去，我都要跟在「天國」的奶奶聊很長時間，向她「彙報」我的成功與失敗，快樂與痛苦。二〇〇三年高中畢業，去中國之前，我是這麼說的：「我要去中國了，周圍很多人反對，奶奶，您怎麼看我的選擇？」夏天回國時，我這麼跟奶奶說：「奶奶，我好像會了點中文，跟中國人交流基本沒問題了，父母過日子很辛苦，所以我兼職做了翻譯，可以賺點錢，養活自己是沒有問題的。」彷彿聽到奶奶在我身邊說：「嘉一，你要相信你的選擇，只要你覺得正確的，就堅定不移地走下去，不要往回看，即使錯了也沒關係，不要影響自己的信心。」；「我兒子對你不好嗎？他有沒有好好給你寄生活費？你不要對他客氣，你還年輕，要好好吃飯，保證營養。」我回答說：「謝謝奶奶，我很好，在中國也沒什麼適應不了的，那裡的人對我都很和善，沒事的，我會在那裡好好活下去。」……

我從來沒有向她說過謊話，她是唯一知道我的一切的人，也是唯一安靜地、平和地傾聽我心聲的人。沒有她的存在，我絕對不可能活到今天。我與她之間，看不到，摸不著，但心連心，手牽手。以後，也會一直這樣一起走下去。

我在二〇〇三年「非典」（SARS）高峰時期來到中國，以後我每年都回國，最重要的一件事就是到墓地見我從未見過的奶奶。我通過照片看到過奶奶，從照片上看，我們倆很像。通過父親的介紹，我知道奶奶很善良，從不生氣，對孩子們的營養、禮儀、做人等的關心相當周到細緻。他們在伊豆的小崗村從事農業，一家五口人處於半自給自足的生活狀態。他們早上四點鐘起來，出門種地，或把產品送到批發銷售點去，晚上六點左右回來。爺爺是個很勤勞的人，個子很高，很帥，爲人很樸實。我的高個兒是繼承了他的基因。我身高一八五公分，他有一八〇公分。

爺爺是有缺點的，用中國人熟悉的話說，他是一個「酒鬼」。他每天一回家就開始喝酒，喝完酒，就變成了另外一個人，這個時候的爺爺凶猛、暴力。奶奶常常挨打，沒有理由，就因爲他喝完酒後變成與野獸差不多的性格，這個時候，我父親會帶著姊姊和妹妹躲到山裡去，在那裡驚恐地待兩個小時左右，等到爺爺睡著了，奶奶過來叫才敢回家。他們每天都是這樣過日子，奶奶始終覺得對不起我爸爸，爸爸的姊妹至今非常感謝我爸。可以說，是我爸爸保護了全家五口人（雖然我爸爸後來也變成了酒鬼，我母親，還有弟弟、妹妹從小爲爸爸喝酒所困擾，只是他不暴力，喝醉酒就睡過去）。奶奶五十三歲時去世，去世的原因聽父親說是癌症。得不得癌症在某種程度上和運氣有關，沒法控制。在日本有個說法，「今天是兩個人當中一個人得癌症的時代，而且癌症是遺傳的」。

二〇〇九年底，爺爺也去世了，享年八十五歲。死亡的原因同樣是癌症。他臨走之前，我回國陪他過了三天四夜，我回北京後，他就走了。對爺爺，我的感覺與奶奶不一樣，我沒見過奶奶，卻繼承了她對生命的渴望；我從小與爺爺相處，也親眼目睹過他施行暴力的場面，說實話，心情比較複雜。但這不妨礙在他走之前，我們好好聊天，我給他做飯，餵他吃飯，我在身邊，他食欲有所恢復，很高興、很安心的樣子。畢竟是爺爺和孫子的關係，血緣關係使我們無法分割。由於我在北京很忙，沒能參加爺爺的「葬式」，但我們都不會感到遺憾的。就像「一代人做一代人的事情」似的，每一個人都有自己獨一無二的任務。盲目同情，爲對方傷心而忽視自己該做的事情，是錯誤的，客觀上也無法幫助臨走的人，也不可能有利於你成長。還是那句話，該發生的總會發生，想躲都躲不了，我就做好該做的。希望我的人生，也是生不帶來，死不帶去。

我小時候一直是跟姥姥一起過的，我下面有一個比我小一歲的弟弟和一個小四歲的妹妹，因爲孩子多，媽媽就沒時間照顧我，不是願不願意，而是沒辦法。我很喜歡姥姥。聽她說，我是三個外孫中最調皮的，從小是不怕一切、敢說敢做的人。到了超市順手拿東西不結帳，欺負弟弟，打架，在公共場所摸摸年輕女性的某某部位之類的事沒少幹。晚上不睡覺，姥姥就抱著我到外面散散步、兜兜風。白天使勁玩兒，疲憊不堪的我自然就睡著了，晚上又有了精神，眞拿我沒辦法。

姥姥也跟我說：「嘉一從小就是個相當聰明的孩子，我教你一句，馬上就能記下來。很小的時候，你就記得家裡每件衣服是歸誰的，說『這是姥姥的』、『那是姥爺的』、『這是媽媽的』，卻從來沒有說過『這是我的』，你從來都是關心家人的好孩子，媽媽沒吃飯，你堅決不吃，絕對不動筷子。你是我最操心、最擔心的孩子，但你一直是最善良的、最懂事的，能替別人著想的孩子。」

姥姥從小過的也是十分艱難的日子。她有五個妹妹，十歲時失去了母親，父親在外面拚命工作，養活六個女兒。姥姥每天背著兩個最小的妹妹上小學，上初中後，每天放學後馬上回家給五個妹妹做飯，眞是不可思議，難以想像。爺爺從小也過著很艱難的日子（他有八個兄弟）。現在想來，二戰前後的日本，老百姓的日子眞叫窮，許多家庭裡，孩子也是營養不足，吃不飽飯。直到我父母出生的五六〇年代，日本才開始逐步走出戰敗的陰影，開始回歸國際社會。後來我學了國際關係、政治經濟，才瞭解到日本戰後的騰飛是個奇蹟，引起了全世界的關注和認可，成長爲世界第二經濟大國（也許很快將變成世界第三），有個美國人還寫了本《日本第一》，日本人也寫了《日本可以對美國說「不」》。但我從父母那裡聽到的細節和故事都是截然相反、令人深思的。他們從小到大都過得很不容易，許多人沒能上高中和大學。我父母都是七〇年代末高中畢業的，後來也沒有上大學。他們都很想上，但經濟條件不允許，只能直接找工作，然後結婚成家，生孩子。這可能跟我家在農村有關係，就像今天中國的農村一樣，許多孩子不管願不願意，都無法上大學。我知道許多東京大學、京都大學、早稻田大學、慶應大學等名校畢業的朋友的父親很有社會地位，當官，做律師、醫生、大學教授等等，他們都屬於高學歷、高收入的群體。至少我家從來不是這樣的，一直過得簡樸而艱難，從來沒有過過那種奢侈的生活，至今爲止，我仍然不敢跟那些有錢的朋友——不管是日本人還是中國人——出去玩兒，不敢大手大腳地消費，因爲這不符合我的人生規則，考慮到長輩們艱難、勉強度過的那些日子，我就更加不敢。所以，我從來都拒絕那些高學歷、高收入群體，尤其是「太子黨」、「富二代」們的邀請，對不起他們，我不是惡意的，也不蔑視他們的做法，我只是生理上、觀念上無法接受。

反正，農村出身的加藤家從來都是很窮的。爺爺、姥姥那一代，父母的那一代，直到我這一代。我三歲時的某一天，姥姥帶我去看牙齒。看完牙齒，調皮的我趁姥姥帶著醫療保險書結帳的時候單獨出去，偷騎了門外的一輛小自行車拚命往坡下蹬，我很興奮，姥姥在後面拚命叫我：「嘉一！你在幹麼？」我回頭看了一下，然後往前看，突然間，一輛卡車從右方開過來，我也發現了，卻無法停止，對方似乎沒注意到，來不及煞車了，相撞，然後我就什麼都不記得了。

之後的情況是聽父母和姥姥說的。姥姥馬上叫了救護車，大約十五分鐘後車來了，姥姥抱我上車。撞的部位是右半身，出血很厲害，在救護車裡就開始輸液（吊點滴），到了醫院被送到手術室，因為出血太多，一度生命垂危，動完手術，我好久沒醒過來，父母著急了，手術失敗了，還是手術後的處理上出了問題了？還是本來就沒有挽救的希望？後來，我竟奇蹟般地醒過來了，在醫院住了兩個多月後，我出院了。只是幾塊移植手術後的傷疤永久地留在了我的右半身。每到冬天，右腳上的傷疤很痛，容易痲痺。到了八歲左右時（準確的時間記不清了），右邊的耳朵好像聽聲音不是很清楚了，我把它視為車禍的後遺症，雖不一定有科學依據，但我需要給自己一個解釋，否則我會走到崩潰邊緣的。

我這個人堅決認為，對於和我有關係的一切事物，都是要解釋的，不想簡單地歸為「不為什麼」。凡與我有關的，都是如此，奶奶的去世、我的後遺症、我家的經濟狀況、我在學校遭受的歧視和排斥……一切的一切，我認爲肯定是有原因、有背景的。解釋自己、說服自己從來都是我生活當中的首要任務，在這一點上，我是很執著、很頑固的。

我幼年時代的交通事故，及奶奶的去世等事件，讓我牢牢確立了一個觀點：別輕易以爲有明天。你的生命，任何時候都處於危機當中，誰能保證明天一定不會撞車？交通狀況這麼亂；你能確定飛機不會墜落嗎？它畢竟是人造的、人駕駛的；你能確定不會被人暗算嗎？在你沒意識到的時候，你可能正被很多人痛恨著呢！

你的生命多久，不一定是由你決定的。這個世界，充滿著不確定和風險，這些風險中的絕大多數是看不見、摸不著的。這就提醒我們，要明白一個簡單的道理：珍惜每一天，過好每一刻。未來當然很重要，爲未來打算很重要，但千萬不要爲未來無法預測的事情而壓制自己，犧牲現在，因爲這是不合理也不人道的活法。所以，我們說要保持平衡（keep balance），就是在今天你的生活和未來你的輝煌之間保持盡可能合理的平衡。具體講，首先你要能感覺到現在過得充實，其次要感覺到你此刻的努力與你即將到達的未來有關係，而且是良性、積極的關係。其他都管不著，讓別人說去，讓社會搞去吧！一定要做好你自己，對得起自己，同時，也要對得起關心你的人，尤其是父母，還有父母的父母……

規則是爲了被打破而存在的

我不是土生土長的伊豆人。我生在伊豆，但在那裡只待到十歲。當時，我父親在一家普普通通的公司做會計。我讀小學四年級的時候，父親經常悄悄地跟幾個朋友到靜岡縣以北的山梨縣（演員柏原崇、球星中田英壽的家鄉）出差，考察礦產資源什麼的。我當時不懂爸爸想幹什麼，母親只是告訴我：「你們三個孩子以後要上初中、高中，還有大學，現在的工作很難解決學費問題，爸爸在努力尋找新的工作機會哦！」

現在回想，如前所述，我小時候特別調皮，經常不顧父母的面子，在公共場合做不該做的事，在學校裡也經常打男生、欺負女生，母親經常拉著我到被我打、被我欺負的學生家裡「謝罪」，鞠躬，送點禮物什麼的。我弟弟和妹妹從來不像我那樣，他們是乖孩子，但他們的哥哥卻經常給母親添麻煩，現在想來，眞的很對不起母親。不過，我始終是母親的聊天對象，我十一歲時已經有一七〇公分的個頭，長得像大人一樣（雖然我的臉像今天一樣始終是個Babyface），人也比較聰明，判斷力和談判能力極強，所以經常跟母親聊天，聊的內容從母親對父親抽菸、喝酒的抱怨到家庭收支平衡，一直到未來買房等問題，幾乎無所不包。現在想來，並非因爲我眞的多麼懂事，而是孤寂的母親需要一個談話者啊！

我小學四年級結業（當時我十歲）前夕，父親突然宣布：「我們要搬家了，到山梨縣身延町（「町」相當於中國的縣）去，我有了新的工作，可以賺大錢，已經在那裡建了房子，很大的，可以讓你們過好日子哦！」我們閃電般地收拾東西，根本沒時間猶豫，也沒有時間和心情懷念原來的朋友和伊豆的風味。我當時已是非常不錯的柔道（Judo）運動員，身體特別棒，已完全脫離小學生的體格。身高一七〇公分以上，體重七十五公斤；到十四歲時（那時我改練田徑了），我已長到一七八，體重五十六公斤，我對自己進行了根本性的「肉體改造」，從上面兩個數字能夠看出這一點。練田徑三個月就參加了全國大賽，並獲得了第四名。

本來打算好好把柔道練下去，日本柔道協會的幹部也認爲我可能成爲「日本柔道界的新星」，但我也只好放棄，因爲要離開家鄉嘛。還好，小學四年級的小孩子，心裡總是光明的，因此也沒有想很多，只是內心裡始終堅信自己還可以在其他體育項目中發揮自己的優勢。當時我下決心在新的地方挑戰新的生活。

父親的朋友們（全都是前國家隊運動員）幫我們出卡車，一日內免費完成了大搬家。我們在山梨縣的新生活開始了。

父親的新工作與礦山裡的沙子有關，他們把那些沙子挖出來、加工、銷售出去，就這麼簡單。因爲他多年從事財會工作，因此由他負責財務，他的幾個合夥人，分別負責與當地政府和客戶談判，並負責統籌、技術等。我內心期待父親能在新的崗位上做出令人自豪的業績。

我、弟弟、妹妹都轉到了新的小學——身延小學校，我上五年級，弟弟上四年級，妹妹上一年級。妹妹還好，反正是剛入小學，沒有離別，只有開始。我和弟弟離別了原來的朋友，有些傷感，但也勇敢地融入了新的環境。這所學校很小，每年級只有一個班（原來的學校有三個班），山梨縣這一周圍沒有海的盆地地區，人口不多，社會結構主要以鄉村爲主。我和弟弟融入得還算比較順利，兩個人在爸爸的指導下每天早上晨跑五公里，放學後跑五公里，上學來回走路十公里，總之，每天連跑帶走達二十公里。在學校的運動會和地區的跑步比賽中，沒有人能趕得上我們，要麼是我第一、弟弟第二，要麼是弟弟第一、我第二。

我們還參加了學校的棒球隊。雖然棒球對我們來說是陌生的項目，但通過強化訓練，很快就超越其他隊友了。這除了歸功於刻苦訓練，不謙虛地說，也和我們的運動天賦不無關係。我練了兩年，弟弟練了三年，這項運動不僅鍛鍊了身體，也讓我們結交了新的朋友，我還有幸參加了地區及全國性的比賽。日本人講究「文武兩道」，相信把學習和鍛鍊兼顧好，才能成材。今天，在日本的政界、商界、媒體界等很多領域表現出色的人都曾經或多或少有過當運動員的經歷。這一點，中國的朋友似乎可以學習、借鑑，不要把學習和體育看作兩件不相干的事，也不要看成是矛盾的，兩者是可以兼顧的，或者說，只有兼顧好，才能眞正取得成功，這是我非常堅定的一個認識。

我學習成績也不錯，決定不去上身延的縣級中學，而去考位於山梨縣縣廳所在地（等於中國的省會）甲府市的私立學校——山梨學院大學附屬中學。一個月內有兩次考試的機會，第一次失敗了，沒考上，第二次勉強考上了。實話實說，爸爸也動員了一些體育界的人脈，山梨學院大學有附屬的幼稚園、小學、初中、高中，高中和大學的體育水準是山梨學院引以爲傲的招牌。但我上的初中就像中國中學的實驗班似的，非常注重文化課學習和升學率。我記得，當初入學面試的時候，我跟面試官說：「我最擅長的是體育，希望在體育項目上發揮自己的優勢，給母校帶來光榮。」面試官反駁說：「加藤君，山梨學院的初中、高中實驗班的教育一貫是爲了培養能夠上東京大學等名牌大學的人才而設立的，原則上不允許學生參加正式的體育比賽，你明白嗎？如果想從事體育，你最好去其他初中。」我誤會了，雖然「山梨學院」的體育很有名，但在高中階段，實驗班和校隊班是分開的，兩者幾乎沒有交流，如果我上這裡的初中，到了高中階段，自動被送到實驗班，就不能搞體育了。我沒有辦法，只能先點頭：「好的，知道了，我會好好學習的。」

當然，面試中的表現是「裝」出來的，雖然小小年紀，我也知道不能拿雞蛋去碰石頭的道理。我這個人，讓我不搞體育是不可能的，生理上不能接受。自小到大，體育已經成了我生活中一個重要的部分，到今天，我雖然早就退役了，但仍堅持每天跑步十到十五公里，跑步對我來說跟呼吸一樣重要，我可以不寫作，但一定要跑步，因爲它是我生命的象徵，同時，跑步讓我悟出了許多人生的哲理。跑步也成爲了我評估生活合理程度的一杆尺規，什麼意思呢？我每天過著非常匆忙的生活：寫作、上課、看書、研究、採訪、演講、做專案、講課、談判、開會……但如果哪天匆忙到連跑步的時間都被侵占了，那就等於越線了，我就要逼著自己調整狀態。跑步，是我永恆的，甚至是唯一眞正的夥伴。

走了半個後門兒，成功進了山梨學院附屬中學初中部之後，我先是乖乖地學習，因此成績也還說得過去，在這所全國菁英集中的重點學校一百多個學生裡，考試成績屬於前二十名。當時，我住的身延離學校所在的甲府很遠，坐火車單程一個半小時。每天我六點半動身去車站，八點半到學校，下午五點鐘放學，要七點鐘才能到家。每天復習功課都在火車上完成，到了家，我立刻換衣服，在父親的指導下跟弟弟一起跑步。跑到八點鐘，洗澡，吃飯。天天如此，很有規律。我喜歡過有規律的生活。每天過一樣的日子，我一點也不感到厭煩，我習慣按確定的節奏生活（所以很不適應北京沒有規律、計畫跟不上變化的生活），我還認爲，人只有堅持按自己穩定的節奏過日子，才能走向成功。我一般不讀什麼介紹別人成功模式之類的書，我總覺得那是別人的事，跟我無關（所以很懷疑今天中國年輕人看得很多的成功勵志書），他們有時間看他們的書，我有時間就好好去跑我的步，跑步不僅鍛鍊了我的身體，讓我身心愉快、健康，同時也磨練了我的意志，讓我不怕任何困難，性格上也深受影響，按中國話說，那就是「拿得起，放得下」。既自信，又心胸開闊，這兩條，對一個男人的成功也是很重要的。總之，我享受自己的學習和鍛鍊，也相信自己會走向成功，成功的答案永遠在自己手中。

母親和妹妹已經習慣了一家五口當中三個男人是體育迷，或長跑迷。我們家的吃飯時間、週末的休閒方式等，都與三個男人的跑步習慣息息相關，兩位女士始終全力配合我們的「自私」，尊重我們的習慣。

感謝她們！

其實，現在回過頭來看，「跑步」始終是父親、弟弟和我三個人之間的交流紐帶，是我們之間的共同語言，甚至是唯一的共同語言。從幼年到少年，直到現在，一直如此。我們之間似乎沒有什麼別的話題可聊，我也從來不跟他們聊我在中國做什麼，對我在中國的學習和生活，他們是不知道的，我也不問弟弟工作上的事，生活上似乎也不大關心，比如有沒有女朋友之類的，他不主動說，我也從來不問。我們在一起時，只是一邊看看奧運會、全國大賽、大學生接力賽跑等比賽的錄影帶，一邊一起分析誰跑得不錯、某某國家的潛力何在、日本隊的未來怎樣等等。

這涉及到我們家的一個「潛規則」，就是四個字——「互不干涉」。從小如此，我們五口人除了相互交叉的生活點，比如跑步、吃飯、旅行等，除此之外，平時基本上彼此不過問其他人的事情，包括學習、工作等等，統統不過問。說起來不是顯得不像一家人了嗎？不會的。平時彼此不過問，不干涉，但每週末要開一次家庭會議，每個人要在會上彙報一周過得怎麼樣，遇到什麼問題沒有，有沒有什麼需要家人來解決的。這樣的會長短不一，有事則長，無事則短，快的五分鐘就結束，最長的曾開了兩個小時。

我們都很喜歡這種家庭生活方式，該溝通的溝通好，該強調的強調，該擱置的擱置，該放任的放任。記得我妹妹初二的時候，有一次，她跟朋友們出去玩，半夜兩點鐘才回來，其他人都睡著了，我有點擔心（我跟妹妹關係很好，弟弟和妹妹的關係不好，這似乎是固定的關係結構，我跟弟弟更像一種競爭關係，畢竟相差只有一歲嘛），平時我也不過問妹妹的生活，但這天因爲時間太遲，我心裡很不踏實，我沒有像平時那麼早入睡，而是一直醒著，確認妹妹回到房間，才放下心來，當然，我也沒有去問她晚上的事。在中國人看來，可能覺得不可理解，在日本的許多人看來，也是如此，但在我們家，這已經是一種常態。

第二天早上，在飯桌上，母親問妹妹：「你昨晚回來得很晚，沒事吧？」妹妹說：「沒事，跟朋友玩兒得很開心，就忘記看時間了，不好意思，下次早點回來。」母親說：「沒關係，只要你對自己負責任就好，如果覺得外面不安全，就早一點回來，你覺得沒事晚一點沒關係，你自己來控制就好。」那時，我用眼神告訴妹妹：「你以後還是盡量早點回來吧，出了事，會給媽媽添麻煩的。」妹妹用眼神回應：「我知道了，以後不那麼晚回來了。對不起哥哥！」我和妹妹之間的默契，有時用一個眼神就溝通好了。

我的妹妹叫萌美（Megumi），我們倆長得很像，她比我小四歲，因爲年齡差距，加上她又是女孩，所以我們之間沒什麼可爭的，她始終很依賴我，但也有辦法讓我依賴她。她非常懂事，窮人家的境遇也讓她比較早熟，十四歲她就開始打工，為家庭付出了很多，她既聰明又俐落，有很強的生活自理能力及生存能力。她也受到了加藤家風波（後面詳細談）之影響，但她從不氣餒，從不抱怨，也不慌亂，始終堅持自己的節奏和生活方式，並培養了良好的體力、智力和毅力。她今年二十二歲，已經結婚了，一邊上大學，一邊工作，一邊照顧家庭。去年十月，她生了個非常可愛的男孩兒，叫「一葉」（Kazuha）。我問她：「你起這個名字的出處是什麼？」她說：「我一直很喜歡這個名字，還有，名字裡有『一』，是因為我想讓他成為像哥哥嘉一這樣聰明、可靠、帥氣，但又有一點點害羞、靦腆的大男人。」我聽到妹妹這句話後，果然變得很靦腆，臉一定紅了。

「小萌，眞拿妳沒辦法。」靦腆之下，我一時有點語無倫次。

我在心裡說：妹妹，妳是我在這個世界上最崇拜的人，但願妳一直是我前進的動力，哥哥也會為妳，還有可愛的「一葉」做出好樣子，堅持到底。

雖然每天兼顧上學、跑步很辛苦，但我堅持了下來。初二時，我正式到縣田徑協會登記，參加各種比賽。細心的讀者朋友可能會發現，我這樣做是違規的。

前面已經寫到，我們初中規定，學生必須專心學習，不能參加任何正式體育比賽。而我呢，卻每天自己訓練，在父親這個「教練」的指導下，我的運動成績提高得飛快。參加縣裡的比賽後，很快就嶄露頭角，成為山梨縣前幾名的選手了。我最擅長八百米，其次是一千五百米，再次是三千米——三千米是初中田徑比賽中距離最長的項目。那段時間裡，我彷彿越跑越快，教練們和縣田徑協會的領導們都把我看成是一顆新星。隨後，在把縣級比賽基本搞定之後，開始參加關東地區（等於中國的「華北」、「華南」、「西北」等大區的概念，比省高了一級）的比賽，也參加了全國大賽，並參加了夏天、冬天舉行的國家青年隊的集訓，這是我田徑生涯中最大的光榮。現在回過頭來看，初二的冬季是我田徑運動的高峰期，當時，幾乎所有人都預測，下一個夏天的全國大賽八百公尺和一千五百公尺，加藤嘉一奪取「二冠」的可能性很大，我也滿懷期待，每天投入刻苦的訓練。日本體育界的冬訓似乎是本著武士道的精神，刻意要讓孩子們學會「什麼是能吃苦」，讓他們瞭解「冬訓對一個人人生的作用有多大」。

沒想到，我的腰撐不住了。原因是，過多的訓練損傷了正在成長中的骨骼和肌肉，這是我沒有把握好分寸、盲目追求運動量而忽視了身體和精神承受力的結果，用中國話說，這叫過猶不及、物極必反，我崩潰了。接下來，我不得不接受兩個月的休息，因爲這一變故，影響了訓練，到了比賽期間，自我感覺狀態不太好。爭取參賽入場券應該沒有問題，但自己十分清楚，要達到自己的最佳狀態已是不可能。我從小很極端，堅持「做不好不如不做」的原則。因此我決定放棄，跟著初中的同學們去畢業旅行，去了澳大利亞，那是雪梨奧運會的前一年。澳大利亞給我留下了深刻印象，讓我開闊了視野，產生了將來一定要出國的強烈願望，以便讓自己在新的環境中發展自己，同時發現自己祖國的缺陷和不足。

這次澳大利亞之行與後來選擇來華留學密不可分。不得不承認，初中階段田徑生涯受挫，給我的心靈留下了永久的傷痕，但因爲機緣，卻讓我看到了新的世界，發現人生的答案不止一個，而是可以有很多選擇。世界很大，人生的目標可以有很多種可能，小小年紀面對命運的捉弄，也第一次覺悟到了什麼是順其自然。

其實，從初中那個階段，我已開始扮演「規則打破者」的角色。初中規定不能參加正式比賽，我參加了，還爲母校帶來了一點點榮譽。當時，體育界的人批評我不集中跑步，初中老師又批評我不集中學習，雙方都成了我的批判者和警告者。這種處境彷彿是我的命運。我來北大上本科期間，也不滿足於當個好學生，我積極參加各種社會活動，上電視，寫文章，拍照片，很多老師一定會責怪我：這個日本小夥子眞是的，不好好學習，天天在外面忙！迄今爲止，我是討不好任何一個領域的。學界的人會批評我「不夠學術」；媒體界的人會批評我「不夠媒體」；文化界的人可能會批評我「不夠文化」；娛樂界的人則說我「不夠娛樂」。反正，大家都始終以質疑的眼神注視著我：「加藤，你到底想做什麼？」

我說，我不是爲了討好人家而活著的，人不能爲迎合第三者的喜好而做人、做事，這樣就本末倒置了。我的目標只有一個：說服自己，就是讓自己接受自己。挑戰想像中的自己，批判想像中的自己，超越想像中的自己，其他的，無所謂吧！我做我想做的，至於我做不到的，那就任人評說吧！

我是「童工」出身

初中到高中的六年，是我迄今爲止最辛苦的一段時光，從現在回望，我把它視爲名符其實的「青春」。爲什麼說最辛苦呢？因爲，就上面說的，我始終堅持「文武兩道」，很艱難、很累，關鍵是誰都不理解我。除此之外，辛苦的另一個原因，就是在那六年的時間裡，我一直要打工的。中國朋友很熟悉一個詞——「童工」，而我，就是「童工」出身。

當然，十三歲打工，在日本也是違法的。十三歲的少年，應該好好學習，先做好知識積累，以便爲將來的發展打好基礎，這一思維邏輯具有世界性的普遍意義。在日本，一般來說只有到了高中一年級（十六歲），才能開始打工，所從事的也只能是初級的體力勞動，比如在麥當勞、麵包店、加油站等處打工。日本的高中生打工是相當普遍的，到了大學階段，不打工的人連百分之一都不到，在中國，這情況似乎難以想像，這大概是由國情、觀念、社會發展階段不同所決定的。打工的好處毋庸置疑，它可以鍛鍊人，讓你早一點接觸社會，瞭解所謂社會是怎麼回事，也可以賺錢，減輕父母的負擔。當然，不打工有不打工的好處，可以集中精力學習，可以有更多時間做自己喜歡的事情。不過，作爲多年打工的經歷者，現在回過頭來看，打工的好處比不打工的好處大得多。在這裡，我要誠懇地建議中國抱有大志的大學生應該多多打工。我一直主張北大學生應該去麥當勞打工，這樣不會降低而只會提升北大學生的綜合素質，使北大學生變得更牛、更有競爭力。北大學生的學業、理論功底本來就很強，文化素質絕對沒問題，但卻嚴重缺乏在錯綜複雜的社會公共場上與他者共存共榮與競爭的能力，也可以說是社交或實踐的能力，他們往往也不瞭解社會底層的眞相，不瞭解普通人的生活和處境，更不瞭解他們的所思所想。如果你要在這個社會獲得話語權和支配權，一定要對社會有深入的瞭解，一定要接觸底層民衆的生活，否則只不過是小聰明、小皇帝、小菁英，是很難成什麼大氣候的。

當然，當童工，在中國也是違法的。然而，就我的觀察，這裡的童工現象太普遍了，我曾經走過中國許多城市與農村，也接觸過許多輟學出來打工的孩子。二〇〇七年底，有一次去貴州省被設定爲扶貧樣板的畢節地區大方縣考察半個月，主要是瞭解那裡的義務教育普及情況。那個時候，中央政府剛剛制定並推出了一項政策，即免除農村義務教育的書雜費，這是推動農村普及義務教育非常好的措施，無疑是非常正面的。許多農村孩子輟學，原因很多，但學費及亂七八糟「被」附加的各種費用太昂貴也是一大原因。許多國內外觀察家認爲，免除書雜費這一舉措是中國教育的一次突破與轉折。

但我的觀感不一樣，即這個舉措的效果似乎並沒希望的那麼理想。中央出台好政策，未必都能不走樣地傳達到地方。我發現在中國，中央和地方的關係很複雜，我見過許多天高皇帝遠、自以爲是的地方官員，也瞭解到他們許多無視中央的方針政策，完全以自己的喜好和利害關係去治理地方的情況。中國太大了，地方官員有足夠的條件和「智慧」來對付上級，辦法之一，就是掩蓋事實，假報現狀。

在那一「好政策」推出後的大方縣，我接觸到了太多太多仍然上不起學的孩子們。原因有兩個，一是有些家長根本不知道中央出台了免除一切學費的政策，就是老百姓的知情權沒有落實，或者是地方政府和學校沒盡到宣傳之責，當然，是否有人故意隱而不報，以便按慣例繼續坐收漁利，我就不得而知了。另一個原因看起來更加嚴重，原來，孩子不上學的主要原因還不在於交不起學費，而是因爲家中貧困。因爲，學費並不是家庭對一個學生投入的全部。這一狀況讓我認識到，那些可憐的農民的孩子不上學的根本原因不在於學費多少錢，而在於家裡有多少錢。對於許多家庭來說，政府免除學費當然是大好事，但免除學費卻並不能保證這些家庭的孩子繼續上學。因爲家裡很窮，盡快改變眼前的貧困，比受教育更迫切。教育算什麼呢，又不能給全家帶來現實的好處。如果孩子不早一天出去打工，家裡就沒錢花，因此在很多人家，孩子未成年就被送出去打工掙錢了，在多子女的家庭（中國雖然搞計畫生育，但在偏遠鄉村，多子女家庭仍很普遍），長子長女往往首先輟學，去做童工。童工也許掙不了幾個錢，但起碼生活不讓家裡負擔，多多少少又能給家裡一些錢。相比不打工，這一進一出，帳目是很明白的，你說家長會怎麼選擇？

我在畢節地區的考察得到了大方縣委宣傳部及教育部門的支持，我還接受了畢節電視台的獨家採訪。很感謝當地政府的熱情款待，他們全力以赴配合我的調研活動，經常強調教育事業對扶貧的重要性，「再窮也不能窮教育，再苦也不能苦孩子，再差也不能差學校……政府官員的工資可以被拖延，但教師的工資一定要按時給。」我也發現，在那塊欠發達的土地上，最漂亮的建築是學校，收穫最穩定的是教師，我也確實感覺到當地政府對教育的投入以及為此承受的壓力。我收穫很大，受益匪淺。不過，問題仍然存在，我能看到的許多內容，都是被挑選的，被安排的，對新政策實施後輟學現象依然沒有消除等情況，他們堅決不讓我看，他們用什麼辦法呢？他們用了最常用的辦法——裝糊塗，此外，他們還「熱情」地派來喝酒的高手來陪我，從早上開始就陪我喝，我不願猜測他們這樣做，是不是想用酒把我的頭腦弄糊塗。

當然，我並沒有糊塗，而是始終保持了清醒的頭腦，祕密何在呢？這要歸功於來自爺爺、父親的良好遺傳，那就是酒量一流。不誇口地說，我來中國之後幾乎沒有醉過，或暈倒過。只有一次例外，那次，我一個人跟瀋陽軍區的五位軍人對著乾，大家都用玻璃中杯，一杯一杯地乾五十二度的白酒，記不清一共乾了多少杯，反正到了最後，我就沒有記憶和意識了……

那次貴州調研很成功，我瞅準機會就偷偷地亂跑，跟自費照顧貧窮家庭孩子的教師聊天。一位姓王的女教師對我說：「我每個月的工資二千元，其中八百元是給我班上的孩子們吃飯用的。政府當然不知道這個情況。」有一次去一個輟學女孩家，她十五歲了，跟奶奶兩個人過，父母都到貴陽打工去了。

我問她：「你爲什麼不上學？」

「因爲家裡沒錢，如果我去了，奶奶、弟弟、妹妹就沒飯吃了。」

「國家免除了一切費用，你知道嗎？」

「不知道，無所謂。」

「你想上學嗎？」

我問到這一句，她突然掉眼淚了。對她來說，教育本來就不是無所謂的，她眞的很想上學的，只是在奶奶、父母面前假裝對教育不感興趣而已。晚上九點多，我跟她兩個人一起散步。我從她那裡瞭解到，這個十五歲的女孩在社會上學到了許多東西，讓人觸目驚心，但卻是許多貧困地區的女孩走到絕處都可能會選擇的謀生方式。在這裡，我就不具體透露了。通過這次調研，我認識到，中國的教育依然要走很長的路，教育政策的制訂者推出好政策固然很重要，但同樣重要的是跟其他政府部門的協調，我發現，深入探究下去，許多問題是結構性的，是相互關聯的。解決那些孩子的上學問題，需要從教育、民生、醫療、財政、經濟、政治等各個方面去加以統籌，否則，再好的政策，執行起來也會走樣，難以達到美滿的效果。以上是由童工問題引出的題外話，下面把思路拉回來，說說我自己的「童工」生涯。

十三歲的時候，我通過父親朋友的介紹得到了一份送報紙的工作。找這份工作，利用了關係網，看來，鄉下的日本人也很講究「情」，違法是違法，但可以通過人情改變一點點局面。隨後不管搬到哪裡，我都能找到送報紙的活兒，這和自己老報童的身分有關吧。日本人就是愛看報紙，最大的《讀賣新聞》有一千萬份的發行量，位居第二的《朝日新聞》有八百萬份的發行量。不僅是企業訂，普通家庭基本都是訂閱的。每天早上，有專門的送報員按時將報紙送上門。我就是每天早上專門送報過來的那個送報員。說起來，我從事的是服務業，爲讀報者服務就是我要堅持的宗旨，要麼不做，要做就要力爭做到最好。而且，要做就不能半途而廢。在將近二千二百個日子裡，除了田徑比賽、集訓和報紙停刊的時間以外，我一天沒有休息過，雨天、大雪、颱風……每天都必須按時送報紙。順便說明一下，在我比賽、集訓的那些日子裡，送報工作就由爸爸和弟弟代勞。實際上，平時送報，都是我和爸爸、弟弟一起送，我不能送時，他們的工作量要增加一些。送報要起早，我每天凌晨三點鐘起床，三點半開始送報紙，送到六點鐘，回家，吃早餐，上學，這是我從初一到高三大致的生活節奏。晚上一般要到十點至十一點才睡覺，我每天從來沒有睡過六個小時以上，平均是四個半小時，我不覺得很少，我睡眠品質超好，頭落到枕頭上，不到一分鐘就能入睡。父親常說，睡那麼多幹麼？睡多了，人會變得懶惰的。一般認爲，睡眠對健康有影響，我的體會是：健康不會受影響的，關鍵不在於睡多少，而在於睡覺有沒有規律和睡眠的品質高不高。即使每天睡四個半小時，每天都是有規律地睡覺，睡得深，睡得熟，就沒什麼問題。

雖然有點辛苦，但我始終熱愛送報紙的工作。積極面對每一件事是一種態度，珍惜每一份工作是一種責任。我就是這麼認爲的。就送報而言，一方面可以鍛鍊身體，作爲國家級的運動員，本來就是要早訓嘛，送報都是跑步送的，是最好的早訓，而且也是工作，能夠保持一定的壓力，培養責任意識。如果說我有一點點毅力和耐力，肯定是從近二千二百天的送報經歷中萌芽出來的。另一方面，我還可以賺到錢，基本上是五萬日圓的月薪，這筆錢滿足了我的學費、交通費、生活費、餐飲費、體育用品費等的需求。我上高中有「體特」身分，學費免了一部分，但畢竟也需要鞋子和衣服等體育用品、集訓以及參加比賽的各種雜費。弟弟也和我一樣，從初一開始掙錢。反正，我們是從十三歲開始在經濟上獨立了，不需要伸手向父母要錢了。我從不覺得這有什麼不正常，也從來沒有一點委屈感，而是覺得這一切都是應該的，並爲自己感到自豪。家裡有困難，全家一起努力度過難關唄，有什麼好抱怨的呢？我是男人啊！再說，我們既可以鍛鍊身體，培養好習慣，又可以賺錢，熟悉社會，我學習也不錯的，由於時間很緊張，反而明白了時間的寶貴，利用各種時間和空間去學習，也學會了有效、合理利用時間的方法，這一切都對我的成長有很大的幫助。

十三歲到十八歲期間，我做過三份工作。除了上面所說的送報紙，還有就是從高中二年級開始的日英—英日翻譯工作。這也是利用了爸爸的人脈，聯繫了幾家有外貿業務的企業，幫他們翻譯文件，日譯英，英譯日。那時候，我的英文已經很不錯，早就過了類似大學四級、六級考試的水準，TOEIC也考了幾乎滿分。我們當時生活困難，對長跑運動員的我來說，學習是件比較輕鬆的事，很簡單，其辛苦不能跟送報、訓練相提並論。這是我的邏輯。實踐是檢驗眞理的唯一標準，眞是如此。還有一點，我從小就有強烈的對外意識。因爲，我所生長的環境相當封閉，我性格又那麼突出，一直被排斥，日本的社會有一個很怪的惡習，即排斥另類，通過排斥另類來維護秩序，社會因此顯得相當平均、均衡。我就受不了這一點，很想出去看看，看看國外是什麼樣子的，是不是跟日本一樣這麼鬱悶。後來，我十五歲時去了澳大利亞，開闊了眼界，從此才明白：原來日本才是個另類。

正因爲心底有著強烈的出國願望，我很重視自己英文能力的培養。總結起來，我提高英語的有效方法主要有以下幾種：每天中午到圖書館看英文報紙，隨時找學校的外籍教師主動說英語，在十五歲到十八歲騎車上學期間（我們家後來搬到了離學校更近的地方，大約相距十五公里），我每天在路上堅持用英語自言自語，反正車速很快，不會打擾別人，順便鍛鍊一下肺活量，但這種邊騎車邊說話的方式很辛苦的。我做事情向來要求做到至少一舉兩得，一石二鳥，否則我不會做，至少要讓自己找到兩個點，當然，一舉兩得也好，一石二鳥也好，不可能從天上掉下來，更多的是主動尋找創新和突破，是意願高度強烈和自覺的產物。

翻譯工作效益很可觀，翻譯一個小文件就可以拿一萬日圓左右。一個月平均翻十個文件，就可以拿到十萬日圓。有時候還接模特兒的活，因爲人長得高嘛，長得也比較苗條，加上是運動員，比較健康，比較陽光，看起來，也有一點帥氣。但因爲這個活不穩定，因此我就不太喜歡。做了一段時間就不做了，家裡人也不喜歡那個圈子和那個圈子裡的人。我就更加專注地送報、做翻譯，一個月平均能賺十五萬日圓，就是一萬元人民幣的樣子。這樣除了可以負擔自己的費用之外，還滿足了妹妹上學及生活的費用，剩下的一點錢，用在一家人的餐飲上面。我很滿意，自己通過努力能夠幫助到家人，每天早上和晚上全家人團聚在一起，看著大家臉上帶著滿足的微笑，我眞是感覺太幸福了，我發自內心地珍惜這種和諧安康的生活。父親、母親、弟弟、妹妹是我奮鬥的力量，我不是一個人，我們大家在一起。

不過，總體說來，加藤家的日子，還是充滿艱辛。搬到山梨縣之後，父親曾充滿信心的新工作並不順利，後來不僅拿不到工資，甚至放棄了房子，外出逃債，一家五口人無家可歸……

與黑道「談判」的日子

我十三歲，初一冬天的一個晚上，幾個長得不太正派的男人敲開了我家的門，一見面就氣勢洶洶地命令我們立刻搬走：「這個家已經不是你們的了，知道麼，小夥子？」我有些害怕，但卻並不感到意外。我就預感到會有這麼一天。一直覺得很奇怪，一家五口人從家鄉伊豆搬到山梨縣身延町，買了二百平方公尺左右的土地，重新蓋了新房子，至少花了五千萬日圓（三百三十萬元人民幣左右），用的是貸款。

全家入住後，父親的公司卻始終搞不起來，直到那天晚上幾個黑道來逼迫我們離家的一刻，我沒看過父親把工資帶回來過（那時候他還沒開始送報紙）。我們家始終靠母親的工資生活（我和弟弟送報紙只能提供一些貼補）。當時，母親有兩份工作，一個是在養老院負責福利方面的業務，另一個是在身延町公立初中做清潔工。除這兩份工作之外，她還要負責做飯、洗衣服等家務勞動，雖然三個孩子也輪流負責部分家務，但主要還是依靠熟悉家務的母親。我和母親每天晚上都要聊會兒天，她經常對我說：「我很對不起你們。連一家五口人的飯碗問題只能勉強解決，還債是不可能的事；如果把我賺的錢用來還債，那我們一家就沒有飯吃了。」

終於無路可走了，於是通宵收拾行李，第二天早上就離別住了三年多的新家，一路向北，最後落在了離縣廳所在地甲府市大約十五公里的地方。那裡比身延町發達很多，有許多商場、便利店。我們通過不動產仲介公司租下了三房一廳的房子，房租每月高達八萬日圓（五千三百元人民幣），這筆錢對當時加藤家來說是不小的負擔。

家搬到了新地方，可學校不變。我上的是私立學校，住哪裡都無所謂的，只要自己能上學就好。但弟弟和妹妹是上公立學校的，弟弟上小學六年級，妹妹上小學三年級，對他們來說，搬家是很痛苦的，要離別舊朋友，不得不重新適應新的環境。只有我一個人用不著更換人際關係，作爲老大，心裡始終感到很愧疚，我的學費又是最貴的，很對不起弟弟和妹妹，哥哥欠你們太多……

在房租八萬的那個家，我們只住了半年多，就又搬家了。理由很簡單，我們的住處被黑道發現了，家裡的電話不停地響，都是逼債的。這裡說的「債」比較複雜，除了我們爲了蓋房子而借的五千萬日圓之外，還有父親公司的負債。由於我爸爸負責財務，公司一切財務由他來負責，那麼，公司起步之初的幾億元貸款，也以爸爸的名義借。現在看來，爸爸被一塊兒開創事業的那幾個人欺騙了，實際上是中了他們的圈套，關鍵在這裡。若只有我們家借的五千萬，或許並沒什麼可怕。銀行委託的黑道追債人眞正要追究的是父親公司借的大額貸款，母親、我、弟弟、妹妹全家都受到牽累。不過，畢竟是自己的父親參與的事情，就應該無條件和父親站在一起，全力支持他，不抱怨，不放棄。

我初二到高三的四年間，加藤家一共搬了二十次家。四年搬二十次家，年均五次，等於在一個地方住不到三個月，可不是正常人的生活狀態，對，我們過的就是不正常的生活。弟弟妹妹年紀雖然小，也都明白自己的處境，家庭遭受的磨難讓我們都早熟，從小就知道了什麼是艱辛、什麼是社會的眞相。

有一天，我把父母叫上，三個人開了個小會。主題是未來生活上的分工。我說：「從最近催債的電話不停地響等情況看，這個地址被他們發現只是個時間問題。我們當然沒錢還債，暫時只能拖下去，而如果你們不打工，一家五口人是沒飯吃的，你們集中賺錢，解決謀生問題，那些黑道就由我來處理。以後，原則上打到家裡的所有電話都由我來接，門也我來開，你們千萬不要接，也不要讓弟弟和妹妹接。一切都由我出面解決。」

記得聽我說完這些話後父母的表情，那表情裡充滿無奈和愧疚。雖然他們不情願，卻也只能這樣分工：父母來解決五口人的謀生問題，我來處理黑道問題。弟弟和妹妹兩個人的主要任務，就是好好學習，並盡可能適應新的生活環境，對他們二人來說，壓力絕對不算小，因爲一年平均搬五次，其中一半是要換學校的。日本的公立小學、中學是嚴格按照行政區劃來招生的。你到了不同的行政區域，就要上不同的學校。我上的是私立學校，就不受這一規定的影響。現在回想起來，我來負責處理一切與黑道有關的問題，一方面是出於作爲長子的責任，另一方面也是爲了沖淡我對弟弟和妹妹抱有的愧疚感。當我跟他們倆通報小會的結果，妹妹勉強接受了，只是很擔心我，而弟弟開始根本不接受，說他要和我一起來對付黑道。

我弟弟叫「喜芳」（Kiyoshi），一九八五年十一月一日出生。他在我們三兄妹中是公認的「另類」，不僅別人這麼看，他自己也這麼認爲。他個子矮，只有一六六公分，跟妹妹差不多高，他說話不多，性格內向，不善於和外界溝通，而喜歡一個人做事。但我知道，他是意志特別堅強的人，體育方面的表現，很多時候都比我優秀。他曾經從事過棒球和田徑，都是國家級的水準。說實話，後來我放棄運動員生涯，轉到學業上面，也跟弟弟的存在有關。兄弟分工嘛，我主攻學業，弟弟主攻體育，我就是這樣給自己找「藉口」的。至今，放棄運動員生涯是我人生中唯一的遺憾，如果時間可以倒流，我一定不會再選擇放棄。

這裡給大家講一件關於弟弟的故事。我上初三、弟弟上初二那年的春天，在一個星期日，我們同時參加一場一千五百公尺的比賽，父親在操場裡觀戰。結果我取得第一名，弟弟第二名，他成績也不錯，四分十秒。但弟弟對成績不滿意，他心裡最不能接受輸給哥哥，比賽結束後，他一直坐在椅子上，臉上充滿失落感。

我和爸爸逼著他回家，運動場離家有二十公里左右，我們騎腳踏車，爸爸騎摩托車。到了停車場，開鎖之後，弟弟突然把自行車抬起來放在自己肩膀上，我問：「你怎麼了？」弟弟回答說：「我就這樣回家，懲罰一下自己，這樣以後絕對不輸給你了。」

爸爸大笑，他很喜歡弟弟這樣倔強的性格，就沒有阻止他，我很不放心，時間已經傍晚五點多了，他要多久才能回到家呢？但同時也知道，我是勸不動弟弟的，於是乾脆放棄勸說，跟爸爸先回去了。

弟弟是第二天早上五點多才回到家的，記得那天正好報紙停刊。見到他的時候，我和爸爸很自然地跟他說：「怎麼樣，累了吧？」弟弟卻輕描淡寫地說：「沒什麼，這麼一點路，誰累啊……」吃完早飯，他跟平時一樣對母親說：「我吃完了，謝謝媽媽，我去上學了。」

這就是我的弟弟。

相比之下，我的毅力絕對不如他。

爸爸很喜歡弟弟，在加藤家裡，他們倆是一幫，我和母親是一幫，妹妹好像總是保持中立的位置，很有意思吧？妹妹畢竟是家中唯一的女孩，所以很受父親喜愛，但同時，她跟母親的關係也不賴，看來，還是妹妹最聰明、最成熟。

除了具有頑強的毅力之外，弟弟還有一個大家公認的優點——善良。他在任何場合都能非常友好地對待任何人，總是首先爲他人考慮，自己的事情總是放到最後去做。母親生病的時候，立刻出去買藥，向醫生描述母親病狀，鞠躬請求醫生的是弟弟；父親工作不順利的時候，主動騎車去買幾瓶啤酒和幾包菸送給爸爸，陪他聊天的是弟弟；我有困難的時候，很自然地伸出手，叫我一起去跑步，跑完請我喝飲料的是弟弟；妹妹被同學欺負的時候，跟她班主任商量，請求盡量保護妹妹使她免受欺負（因爲當時經常搬家，換學校，妹妹容易受到一些孩子的排斥和欺負），拉著妹妹的手回家的，也是弟弟。

弟弟後來跟我上了同一所高中——山梨學院大學附屬高中，也參加了運動校隊。我高二，他高一那年的夏天，我們正準備夏天赴高原集訓的時候，發現家裡的錢不夠了，兩個人都去集訓，兩個星期怎麼也需要三十萬日圓（約合兩萬元人民幣），嚴峻的形勢決定了只能一個人去參加。我試圖跟弟弟商量時，弟弟突然站起來跟我說：「哥哥，你去吧，我不喜歡那種集體的訓練，不如一個人安靜地跑步。那種訓練方式更適合你，別想太多，你去吧。」弟弟的話不容商量，我無法拒絕，最後，我去參加集訓，弟弟沒參加，而是一個人在山裡訓練，他是怎麼練的，後來也沒告訴過我。

夏天過去了，秋天到來後第一場校隊內部比賽，記得是跑三千公尺。從高一到高三一共三十個學生一起比賽，我得了第三名，還行，得第一名的竟然是高中一年級，唯一未參加集訓的加藤喜芳——我的弟弟。這就是弟弟，在這樣的場合，沒有人能打得過他的。毫不誇張地說，他的毅力、耐力以及在關鍵時刻的爆發力，是我曾經接觸過的日本人和中國人裡面最傑出的。

同時，他很內向，不愛說話，但他又是三兄妹裡面最有禮貌、最低調和最謙遜的人。我這個人不行，愛突出自我，愛與衆不同，總希望表現出自己比別人強，太不懂得謙虛和收斂。像弟弟那樣眞正的帥氣（對，弟弟很帥，每年的情人節，我拿到的巧克力也不少，但從來都不如弟弟收到的多），我是做不到的。

我知道，弟弟一直很羨慕我，覺得哥哥各方面很突出，很有色彩，事實是，我一直羨慕著弟弟，欣賞他做人的方式、做人的態度，甚至有點欽佩。只是弟弟可能並不知道而已。

關於我的弟弟喜芳和妹妹萌美，大概介紹完了。在這裡我想告訴朋友們，我這個長子是在他們的支撐下長大的。他們給予我的信任對於我也是一種壓力，面對他們的信任和期待，無論遇到什麼困難，我也只好堅持到底，盡可能做得像個長子的樣子。否則說不過去，也站不住腳，也很沒有面子。如今弟弟已經開始工作了，作爲出色的營養管理師，他負責醫院、體校等多個機構的營養管理。妹妹也找到了自己的位置。我發自內心地爲他們感到驕傲，是的，他們永遠是我的驕傲。

話題再回到應對逼債者這件事上來。

過了幾天，討債的黑道來了。一個滿臉橫肉的人問：「你爸在不在？」

我說：「不在，他忙著工作，他也不住在這裡。」

忽然間，有條腿衝著我的肚子踢過來了：「你這小子他媽的騙我，快說眞話！」我說：「眞的不在啊，我騙你幹麼？」

「你跟你爸說一下，再不還債，就會有大麻煩了，明白嗎？小子！」

那天晚上，爸爸眞的是不在家的。他除了白天協調很不順利的新業務之外，早上要送報紙，晚上還要到道路工程現場做類似調度的工作，過了十二點才回家。母親也差不多，每天早上七點半出發，晚上十點多才回家。我們家當時就是這樣辛苦地勉強維持生計的。我後來跟父母報告說黑道的人來了，他們擔心我有沒有受傷害，我說：「沒什麼，他們不會對小孩子怎麼著的。」但母親建議還是離開這裡，過了幾天，我們就又搬離了那個家，搬到了十多公里外，房租是每月六萬日圓，稍微便宜了點，條件當然也差了點，房子比以前小，三間小房間加廚房、衛生間，沒有大廳了。

黑道是天才的討債高手，新住地被他們發現只是時間問題。但我爲了維護家庭成員的安全和正常生活，是不能讓他們知道我們住在哪裡的，一旦被發現就麻煩了。我在思考，最有效避開他們的辦法是什麼。我嘗試了許多辦法，最常用的一招是，故意給黑道打電話約時間，在離家很遠的地方見面，但卻要裝作離家很近似的，並向他們解釋「爸爸正在外地賺錢，很快就可以還債了，請再等一等」什麼的。我大概每兩周主動見他們一次，給出各種藉口讓他們耐心等待。每次見面都彬彬有禮的，鞠躬，甚至跪下來，請求他們再等一等。有時候還從送報賺的錢裡拿兩三萬日圓交給他們，作爲利息的一部分，目的是爲了緩和他們的情緒。但那些壞蛋，每次一定一起上來打我，打我的臉、背、肚子，還有對長跑運動員來說最寶貴的雙腿……

我從來不還手，還了手，就完了，我沒資格還手。當時，我的身體到處都是傷疤，記得泡澡的時候特別痛，但只好忍著，至今為止有些傷疤還留著，也有永遠消除不掉的，比如心理上的傷疤。我脖子上有塊疤是被他們弄的，具體怎麼弄的，我就不細說了，太殘酷了，我不想把我的那幾個同胞人性中的醜陋和殘忍暴露在讀者朋友面前。

現在回想起來，我那樣面對黑道們有可能是不明智的，但也沒有什麼更好的辦法。我只能那樣做，以保護弟弟和妹妹，讓父母集中精力打工，以維持一家五口的生存。

我跟黑道們「談判」了將近三年，一直到高中三年級的秋天。黑道們不再追我們了，一方面是我負責翻譯工作的企業的老闆很同情我，幫我想辦法，聯繫在日本很有威信的地方勢力，給那幫人施加壓力；另一方面，一直相信新公司能夠時來運轉，一定能還清債務的父親終於對現實妥協了——正式宣布破產，那樣可以不還債，只是接下來的事業和生活都要受到各種限制。

逃債的日子，終於結束了。我感到有些不對勁兒，甚至有些不適應看不見黑道的日子。當然，可以抱著平常心過好每一天了，這讓我們全家人從前懸著的心終於放了下來。我只是難以忘記父母每次看到我臉上傷疤時的表情，那種心疼，那種愧疚。每當這種時候，我總是用眼神告訴他們：「我沒事，真的沒事，你們好好打工，這個難關，一定能過去。」在那段時間，我的努力，我的堅持，我的執著，實話實說，都是為了復仇。我當時非常恨這個社會，覺得太不公平，太不人道，也多次思考過為什麼只有我們遇到這麼大的困難，過得這麼苦。一邊挨打，一邊痛恨，一邊倒下，一邊沉思……向這個不公平的社會復仇，在那幾年時間裡一直是讓我挺下來的最大動力。現在，雖然一切都慢慢好起來，但要完全清理掉心底的陰影，並不是件輕而易舉的事。

有時，我跟母親還會回望那些逃債的日子。記得姥姥經常勸告母親跟父親離婚，可以理解，自己的女兒過著那麼辛苦的日子，任何母親都會心中不忍的。但我的母親堅持下來了，因為有三個孩子，她覺得離婚對孩子不好。我很佩服母親的堅韌，也非常感激母親為了我們所付出的犧牲。我曾半開玩笑地跟她說：「其實，我還是很珍惜那段日子的，那麼小就有了那麼苦的經歷，以後無論再遇到什麼都不會感到苦的，您說這是不是偉大的精神財富？而且，跟那些黑道的談判過程眞讓我堅強了很多，應該積極看待那段日子。」母親照例回應說：「對不起，實在對不起了。」

結束本章之前，再來說說我父親的事業為何未成功。如前所述，我爸爸的新事業就是從礦山挖沙子、運沙子、賣沙子。事情說起來非常簡單，挖掘的技術都具備，客戶也落實好了，但在運輸環節上出了問題。運沙子是個大工程，載重卡車轟鳴，當地人害怕生活受到影響，更大的難題是，當地居民並不同意父親他們搞那樣的開採，於是就向當地政府施壓，政府官員就始終不給出具正式的許可證。理所當然，領導是居民選出來的，居民反對，領導怎麼可能違逆居民的意願呢？父親們爲說服當地居民和領導，到處跑關係，但最終無濟於事。

這點恐怕跟中國不同，據我所知，中國的公共設施建設也好，開發自然資源也好，實質上沒那麼複雜，但日本畢竟和中國不一樣啊！

用個不太恰當的說法，困擾父親公司及加藤家生活的恰恰是日本的民主。當然，我寫這些不是要否定民主，如果民主能夠制衡公權力，給整個社會提供監督機制這一公共產品，其好處當然是不用多說的。我詳細地介紹我們家的遭遇，只是想用親身經歷說明，有的時候，民主未必不會傷害到無辜的人。

離別祖國

高二那年的冬天，在古都京都舉行的「全國高中生接力賽跑大賽」結束後，我就退役了。從初二冬天開始，我的狀態就一直不太好，想突破卻一直無法找到突破點。我屬於實驗班，同時參加校隊，來自班主任和教練的壓力也不小（二者的價值觀念截然相反，水火不容）。學習成績下滑了，教練就立刻站起來說「你還是應該搞體育」；田徑成績下滑了，班主任就會不失時機地告誡「你還是應該集中學習」。我始終在中間被夾著，被撕扯著，有點無所適從，又無法說服他們任何一方。我做的事情不是一個，我也不想只做一件事，既然做著兩件、三件，那麼要完美無缺地兼顧是不現實的，只好盡可能保持平衡、兼顧幾件事情，在這個過程中提升自己，豐富自己，按我理解，這就是人生。不要指望每個人都能理解你。

不僅感覺狀態不對，我的身體本身也已經快撐不住了。每天早上三點鐘起來，送報紙，騎十五公里的自行車上學，從八點半上到下午五點半，放學後馬上騎五公里的車到田徑場，訓練兩個小時，結束後再騎十五公里的車，回到家大概晚上九點半了。吃飯，做功課，緊趕慢趕，就到十二點了，趕緊睡覺，第二天凌晨三點鐘起床……

還要時時刻刻面臨來自黑道的壓力……

這不是一個普通中學生應該過的日子，可我就這樣過了若干年。十七歲冬天的時候，身體、精神的承受力都已達到了極限，快要走到崩潰的邊緣。我越來越害怕這樣做下去、過下去，學習和訓練最終都只好半途而廢（日文叫「中途半端」），即學習成績也好不到哪去，無法靠腦子考上好大學，跑步成績也好不到哪去，無法靠雙腿跑進好大學，最終遭受打擊的是我的家庭。作爲一家勉強度日的家庭的長子，我是絕對絕對不能半途而廢的，兩邊都抓好是最理想的，但從那時我的狀態來看，要兩全已不可能，我就只好放棄一個，好好抓住一個。

於是我放棄了專業運動員的道路。十七歲退役給我心裡留下了深深的痕跡，至今依然沒有消除掉。放棄了田徑後，我就像瘋子一樣，抱著一種「報復」般的心態，開始凶猛地學習。無論過年、過生日，沒有什麼能打擾我，我徹底進入了學習狀態。就這樣玩命般地學了三個月，我的模擬考試成績取得了突飛猛進的提高，從「全班中等偏下」一下子提升到山梨縣「高考狀元」的水準了。對於我的「突變」，周圍的老師和同學們吃驚得一塌糊塗。我卻把這一轉變視爲順理成章，畢竟放棄了田徑啊，我全部的能量都集中投入到了學習上，成績若不提高才不正常呢！

在專注於學習的同時，我還是給自己保留了每天九十分鐘的慢跑時間，也是爲了勞逸結合吧。這樣，直到高考那一天，我的成績一直保持了狀元級的水準，跑步水準似乎也提高了，整個人的狀態感覺完全調整過來了。高三冬天的時候，我父親的「破產宣告」也告了一段落，沒必要應付那些黑道哥們兒了。

儘管學習緊張，每天凌晨的送報工作和爲企業做翻譯是一直堅持的。

到了十一月，離高考還有兩個月的時候，天氣越來越冷，隨著高考的腳步越來越近，我忽然間想到了一個問題：我這樣學習下去，考大學應該是沒有問題的，除非發生意外，我應該可以考上任何想進的大學。但去了東京，需要多少錢？

總不可能每天從山梨過去吧？東京是國際大都會，衣食住行什麼的都很貴。初步估算一下，學費一年是五十萬日圓，房租一個月六萬日圓；吃飯一天兩千日圓，交通一天五百日圓，一年就需要二百一十萬日圓。我可以打工，但打工能滿足所有費用嗎？既然是學生，不可能天天打工而不上學吧？算來算去，每年可能需要讓父母負擔一百五十萬左右，這種情況下，還要去東京讀書嗎？

我是長子，下面還有弟弟和妹妹，他們也需要完成學業，家裡的錢夠不夠啊？我知道家裡根本沒有儲蓄，雖然父親申請破產，原則上已經用不著還債，但接下來的生活、工作等受到各種限制，能找到合適、合理的工作嗎？母親的年薪大概是二百萬日圓（約十三萬人民幣），父親恐怕很難再找到正式的工作，只能拚命打幾份工，滿打滿算，一年頂多能賺三百萬日圓（二十萬人民幣左右）。父母爲我一個人的大學生活將付出全家收入的百分之三十。

從理論上來說，家中可能負擔得起，而且，即使付出了，其他四個人也應該能夠活下去。但弟弟恐怕將來就不能上大學了。我上的大學將是國立（國立大學的學費比私立便宜百分之三十到五十），弟弟上的大學將是私立（體育上有專長的大部分都是上私立大學），前者沒有獎學金，後者有獎學金，但即使弟弟拿了獎學金，家庭承擔的費用也將與我差不多，再者，在大學從事田徑需要很多雜七雜八的經費，而且，作爲專業運動員，弟弟恐怕也無法打工了，必須集中訓練項目，那裡有相應的嚴格「紀律」。如果我上了大學，弟弟也上了大學，恐怕家裡百分之八十以上的收入都將用在我們倆身上。其他三個人怎麼活下去？他們要吃飯，要交房租，妹妹還要上學呢……

我在電車上閉了眼睛，站在父母的立場，沉思了一會，設想父母會這樣想：「長子的成績足夠考上最好的大學，考上了，學好了，很可能強有力地開拓未來，兒子也有這個能力。我們好好賺錢，讓兒子如願進好大學，總有一天會苦盡甘來。」

當我睜開了眼睛，又轉到了另一條思路：「我是他們的長子，有責任給全家帶來未來。我還是應該去，說不去，父母肯定會很傷心的，他們是不會允許我自動放棄的。好，那我去，最後兩個月好好準備一下，千萬不能失敗！」

雖然調整了狀態，卻無法擺脫心理上的陰影。我又自言自語起來：「爲什麼？什麼讓我這麼猶豫、不對勁兒？對了，我從來沒有跟父母談過上學的問題，退役之後的自己似乎把上學視爲天經地義的事情。而父母呢？他們現在是怎麼想的？是把兒子上學視爲天經地義的嗎？」

我的心態一直處於矛盾中，眼看快過元旦了，過了元旦，就要面對高考了。在日本，每年一月一日—三日要舉行最重量級的接力跑比賽，我們家一向有著一邊吃新年的年糕，一邊觀看比賽的習慣。可那三天，我們誰也沒有碰我高考的話題，與以往一樣，大家開開心心地看比賽，分析比賽，只是大家彷彿都有心事，感覺都有些不對勁兒，大家客客氣氣，好像故意要創造和諧氣氛，一切無非都是爲了我。直到高考那一天，記得是二〇〇三年的一月十九日，大家最終也沒有碰高考的話題。我的心態呢？也沒有平靜下來，仍未決定要不要去上學。靠，面對選擇，眞是件很讓人困擾的事啊！

高考那一天下了大雪，當天，我還是三點鐘起來，出門送報紙，路上摔了幾次跤。吃完早飯，七點半動身，騎車去考場。考場就在高中的旁邊，道路擁堵不堪，交通狀況格外混亂，我又摔倒了幾次。「唉，這是不是上帝的安排？老天是不是不想讓我去考啊？要不，我不去了？」轉念又想：這樣不好吧？可去了考上了，難道還能不上嗎？如果不上，還不如不考呢！要不要故意撞車受傷，作爲不去參加考試的藉口呢？

我越想越不明白，我甚至不想活了，故意去摔了一跤，褲子破了，腿流血了，雪和血，眞是絕配啊，一紅一白，二者摻在一起，看起來跟冰淇淋一樣。我已經思考不動了，就在心灰意冷打算放棄的瞬間，我突然聽到了奶奶的聲音：

「嘉一，你別這樣，不能這樣。一直努力了下來，不就爲了這一天嗎？爸爸和媽媽正在爲你想辦法，你要對得起他們。你不考了，你會後悔一輩子的。先別想那麼多，全力以赴去考，奶奶看著你。」

眼淚不知不覺掉下來，控制不住了。忽然不知道自己在做什麼，憑什麼要活著，回想起那些艱苦的日子，爲家庭的安全與生活而操心、擔心、用心的日子，到底，我是誰……

扶起自行車，走了幾十步，試圖去忘記一切，我漸漸鎮靜了下來。看看手錶，快到考試時間了，便使勁兒騎車，趕到了考場，開考時間已過了一刻鐘，按規定，過了二十分鐘就不能參加考試了。我猛衝進考場，渾身是汗，我問考官：「還能參加考試嗎？」考官猶豫了一下，磕磕巴巴地回答：「是，是，沒問題的。」發現同學們看著我，我沒理睬，按照准考證，找到座位，開始埋頭答題。

第一場考英文，共九十分鐘，實際上我只有七十分鐘時間答題，沒事，這是我最擅長的一門，離交卷時間還有二十分鐘時，我答完了。

日本的高考叫「全國統一考試」，一共考一天半，這種考試原則上爲學生考國立和公立的大學而準備的，報私立大學原則上不用參加高考，直接考各所大學準備的考試即可（東京大學是國立大學，早稻田大學是私立大學，國立和私立哪個更好，很難說，只能根據每一考生的需求和條件而定，也根據具體的學校而定）。對於我們考國立大學的考生來說，高考只不過是第一關，過了第一關，還要面對每一所大學獨立舉行的第二輪考試，這才是眞正的難關，第一輪只是個熱身而已。雖然我第一門考試時遲到，但我高考成績還不錯，在這裡，獨家透露一下我的高考成績，滿分八百分：語文二百分、數學二百分、英文二百分、生物/化學/物理一百分（選一門）、日本史/世界史/地理一百分（選一門），我的總分爲七百六十九分：語文一百八十分、數學二百分、英文一百九十八分、生物九十一分、世界史一百分。我語文失分最多，失在哪裡呢？告訴你，是漢字。

在語文考試當中，漢字占的分值爲二十分，我的語文成績爲一百八十分，被扣的二十分全丟在漢字上，也就是說，所有漢字題全做錯了。後來我選擇到中國留學，周圍老師和同學們都嚇了一跳：「加藤不是那個漢字最差的小夥子嗎？怎麼去中國了？中國語不是全用漢字表達的嗎？」

由大學組織的第二輪考試也順利過關了，我「中」了，哪一所大學，我就不說了，反正是東京一所很有名的大學。我對考試的看法是，應考本身是個技巧，好好準備，誰都有機會過關。「會考試」絕對不等於有本事、有能力，千萬不要誤會了。文憑不等於文化。大學考試只不過是國家體制的需要而已，不一定等同於你的能力，也和你的人生追求不一定吻合。不過，不管怎麼說，它說明了我認眞度過了那段復習和考試的時間，我的心裡感到踏實了，我沒有虛度時光，對我來說，足夠了。還是要感謝奶奶，在我即將崩潰的時候，是她老人家伸出手，挽救了我。沒有奶奶那一聲，我應該是放棄了考試的。

最後我選擇不去上學，不是因爲我不喜歡上大學，而是在辛辛苦苦過日子的父母和一對弟妹面前，我的心事很重。其實，在聽到奶奶那一聲鼓勵去參加考試的時候，其實我心裡已經決定，我可以去考試，但我不會眞的去讀的，這樣，我的心才鎭靜了下來。應考是爲了讓自己接受過去，更是爲了讓自己走出現實，面向未來。

考完後，接到錄取通知書之前，我已經開始準備尋找其他出路，能夠不讓家庭增加負擔，又能讓我重新認識自己，發現自己，挑戰自己，開拓自己的一舉兩得之路。

我決定出國！我從小就渴望出國嘛。問題是，去哪裡？去歐美不現實，我家沒錢，這些高消費的國家自然而然就不在我的選擇範圍內。

我的注意力集中到了中國。爲什麼呢？首先，日本文化本來就跟中國文化有著一脈相承的關係，而且兩個國家一衣帶水。十五歲那年去澳大利亞之後，曾經想過未來一定要盡早走出國門，而且盡量去大國。中國在日本人看來是仰慕中的、想像中的、名符其實的大國（別說什麼反華主義，大多數日本人其實在內心裡非常敬重中國，對中國抱著格外特殊的情結）。日本曾向中國朝貢過，也曾經侵略過中國。從漫長的歷史角度來看，兩國關係不一般，很密切，就像我和弟弟那樣眞正的「兄弟」關係。那個時候，北京已經申奧成功，在我的設想中，北京將發生巨大的變化。中日關係也曾因教科書等問題變得日益複雜，變革中的大環境應該能夠讓我看到許多現實的東西。「環境改變人」，把自己放到那個空間，從中應該能找到瞭解中國的鑰匙，同時找到自己人生與事業的座標。當然，最關鍵的理由是，中國的物價比日本便宜。

我決定去中國，在完成相關的手續之後我跟父母解釋說，我在中國找到了非常好的機會，我去中國發展（當然，那個時候對未來沒有任何的把握），就不在日本上學了。父母只是說一句「不要後悔，注意身體，好好生活」，算是間接同意了我的選擇。

二〇〇三年春天，我從日本成田機場飛往北京。當天，父母、弟弟、妹妹都來機場送我。在車上，大家保持平常心，聊聊天，到了機場發現我的行李超重了，爸爸和弟弟沉默著把幾個行李郵寄到北京。我跟他們說再見，他們也各自表示心意，讓我好好照顧自己。母親把一封信遞給我，我說：「謝謝母親，您好好注意身體，不要太拚命。」

沒有人民幣、沒有中文基礎、沒有朋友，眞正的「三無狀態」，但帶了父親、母親、弟弟、妹妹給我的信心、耐心和決心。

上了飛機，打開母親給我的信。

那是很長的一封信。她在信裡回顧了我們的過去，講解我小時候的故事、我成長的歷史，說：「作爲母親，我早就知道你將來一定是做大事的人，我爲你驕傲，加油！」長信的最後寫著「對不起。」讀到這裡，我的眼淚流了下來。閉著眼睛，以心傳心，向母親發自內心地傳達了我的愛與感激：「謝謝您，媽媽您才是偉大的母親，我爲有您而感到驕傲……」

來北京的第一天

經過一個多小時的飛行，飛機抵達北京首都國際機場了。那時候還沒有巨大的T3樓，只有T1和T2，但我不記得是哪一個航站樓了，坐的是東方航空公司的飛機。那是我平生第二次坐飛機（第一次是去澳大利亞），很緊張，腦子裡裝滿胡思亂想：「我的行李有沒有跟著飛機一起來呢？會不會被別人偷走啊？出了機場，我該怎麼去目的地呢？」

那時候，我就跟傻瓜沒什麼兩樣，下了飛機也不知道往哪裡走，只好隨大流，我又沒有任何中文基礎，所以也不能開口說話。到了拿行李的地方，先等著吧，我托運了兩個大箱子，應該能找到。

等著，等著，等了十分鐘，還不來！我從小性格急躁，越等待越不安。畢竟才十八歲，畢竟第一次一個人到異國他鄉，不可能不緊張，不可能不擔心，不可能不迷茫。現在我還明顯記得，當時在等行李時，我忽然特別想回國，想家，想家人。我在飛機上滿滿的信心和決心，落了地卻飛得無影無蹤。我不知道，其他出國留學者是不是也有過這樣的經歷？

上次出國是十五歲的時候，實際上是初中的畢業旅行，有老師可以照顧我們，我的英文也不錯，有當地Host Family熱情、溫馨的接待，溝通大致不成問題，而此次北京行感覺卻大不相同。

在日本，「畢業旅行」很流行。從小學開始，到初中、高中，一直到大學，都流行「畢業之旅」。日本的小孩子平時所遭受的壓力也夠大，於是學校和家長都樂於讓孩子們趁畢業旅行釋放情緒，順便參觀本國的名勝古跡，瞭解海外的先進文化，既陶冶了性情，又開闊了視野。我很欣賞日本的「畢業旅行」文化。去任何一個地方，住任何一個酒店，都是跟同學們在一起，既增強團隊精神，又加深彼此之間的感情，大家在一起留下共同的美好回憶。日本人的團隊精神是根深柢固、無處不在、意味深長的，從小到大，從家庭到企業，都注意團隊精神的培養，我稍稍有點例外，但這在日本往往是被排斥的，見笑了。

我到中國之後才意識到，原來無意識當中面對著、遵從著的日本式團隊精神是很有道理的，它可以對整個社會的穩定、秩序起著決定性的作用。那些有形無形、有意識無意識、表現各式各樣的團隊精神，在日本隨處可以感受到，但我來中國後，卻不怎麼看得到。中國人，從小學到大學，從農民到官員，都似乎在各忙各的，盛行個人主義或實用主義，個人只爲自己的利益著想，個人之外的事能裝糊塗就裝糊塗，有時裝著「我爲你好」，實際上是實現個人利益的謀略。我見到的很多中國人，彼此之間相互警惕，誰都不相信誰，盲目、浮躁、迷茫。當然，偌大的國家處於發展的高峰期，轉型、過渡、磨合都是必不可少的，因此，公衆中出現某種迷失感，陷入功利主義，都是並不難理解的。在這種情況下，有識之士想到了傳統文化的價值，近年來易中天、于丹等人的走紅，和這種社會需求密切相關。只是，這種復古的效果對人心的影響似乎並不怎麼顯著，那些商業化和帶有政治目的的宣傳方式，成了那些菁英人物和背後操作者賺錢的手段，那些浮躁獵奇、急功近利的年輕讀者們能從中眞正學到多少東西，有多少東西會眞正溶入到血液裡去，是十分值得懷疑的。衆多有文化的年輕人，整天最關心的是出國、賺錢，看到的只有眼前的、實際的利益，那些悠久的歷史和綿長的思想僅流於口頭的談資。依我看，當前中國一個值得注意的問題就是將一切都實用化，傳統美德不再被當作行爲準則，而是變得實用化、商業化和工具化。

小學六年期間，我們班的同學情況似乎都一樣，沒有人開高級車送小孩上學的，無論家境富還是窮，大家都以同樣的標準和方式過日子，否則孩子之間心態、精神上的貧富之差會越來越大，後果不堪設想。每一所公立小學，根據學生來源地，分成一個一個社區，每一社區都有「上學隊長」（一般都由最高年級的學生擔任），每一個學期開學之前，社區隊長叫上同社區的學生開會，父母當然不出席了。會議地點由每一社區的會所提供，由隊長主持會議，主要的議題是商定集合時間和地點。一個地區大概三十人左右，覆蓋半徑大約兩公里。

隊長是從離學校最遠的位置開始，一個一個地接學生。這樣，每一個學生出門的時間就不一樣，而且大家居住的地方很分散，沒有什麼規律，隊長要兼顧到每一位學生，嚴格按照約定的時間去每個點接人，然後組織大家排一長隊去學校。隊長也好，其他成員也好，都不能遲到，如果一個人遲到了，耽誤了時間，就打亂了隨後的整體安排，一個人不守時，就可能造成大家受牽連而遲到。

遲到了，在學校就會受懲罰，懲罰手段有很多種，最普通的就是放學後寫反省文，較嚴重的是這一天要在教室的最後面站著上課，最悲慘的是承擔未來一周的班級衛生。不管你是幾年級，面臨的懲罰都是一樣的，所以，一般的學生都不敢冒這一風險，後果嚴重嘛，不如早點起床，按時到達集合地點，這樣最省事，最安全啦。放學之後，也不是家長來接孩子，而是高年級生主動找住在附近的低年級生，拉著手一起回家。小學六年期間，從週一到週六，我們每天都是這樣過日子，天長日久，就養成了習慣。日本人的團隊精神也好，做事嚴謹也好，守時也好，都是和從小的培養分不開的。

小學階段的畢業旅行一般選擇去京都、奈良，都是日本的古都，實際上也是通過這種旅行，加深對自己國家歷史和文化的認識和瞭解，也是一種愛國主義教育的形式。初中畢業，有越來越多的學校選擇到海外去，即使在國內，也多選擇去北海道、沖繩那樣偏遠的、較爲特別的地方。我們學校初中就去了澳大利亞，高中是國內之行，具體內容是參觀國內著名大學。記得是高二那年的春天，我們參觀了名古屋大學、金澤大學、新潟大學、東北大學（當年魯迅先生求學的大學）、筑波大學、千葉大學，最後參觀了東京大學。每到一所大學，都由我們中學的校友負責接待，同學們根據各自的興趣，分文理去參觀實驗室、研究所、教室和操場等。本來毫無趣味可言的參觀行程，卻變成了我認識世界、瞭解社會的大好機會。參觀東京大學的時候，我突發奇想，希望畢業後能夠來這裡，在這所名牌大學裡好好提升自己。現在回過頭來想，我高二冬天下決心退役，除了那些受傷、實力不如弟弟、家庭條件等原因之外，這趟畢業旅行的影響，不能不說也是一條重要原因。

……

等了半天，終於看到我的行李了。一顆忐忑不安的心總算稍稍安定下來。來到外幣兌換處，我拿著兼職做翻譯掙的十萬日圓，全都換成了人民幣。記得換了七千多塊。

接下來的問題是怎麼出去。好在所有牌子上都寫著漢英雙語，我的漢字水準差，但英文還能看得懂。我拉著重重的行李，到了搭計程車的地方。

上了出租（計程車），我不知道怎麼告訴司機，就拿出紙和筆，寫了「北京大學」四個字。司機一看就明白了，「噢，北京大學滿有名哦！」司機放著廣播，音響裡傳出的聲音和音樂，都是陌生的。車廂裡臭臭的，也許這位司機有幾天沒洗澡了吧，加上他還旁若無人抽著菸呢。「中國的司機是可以在車內抽菸的啊。」看著周圍陌生的風景，一切都是新鮮的：「路好寬呢，不停地超車，拐彎又拐彎，這些人是怎麼開車的，技巧太牛了吧，中國沒有交通規則嗎？那些紅燈明明亮著，司機和行人都好像根本沒看呢……」

到了北京大學，第一反應就是驚訝：「噢，校園好大，綠色挺多的，滿漂亮呢！」到了靠近西門的留學生宿舍「勺園」，記得是下午四點多，司機收了我一百二十元。現在回想起，一定是多收了，從機場到北大，按現在的收費標準不過一百元左右，現在的起步價是十元，每公里兩元，而二〇〇三年時公里價只有一塊二呢！

在北大，我一直住在勺園，直到今天，對勺園的感情已經根深柢固，變成難以割捨了，我想這會是一輩子的感情了。

北大的勺園非常有名，在北大留學的外國學生都住在那裡。我許多日本同胞，有在日本駐華使館擔任公使的，有在著名商社當部長的，有在著名大學當教授的，當初留學時都曾在勺園住過，在那裡度過了一段美好的青春時光。跟那些老北大團聚時，聊天時一定提到勺園，說到勺園，一定有很多話說，言語間都流露出很深的感情。

勺園匯集了來自世界各地的菁英。我在勺園認識了很多牛人，有東南亞、非洲等地區的「公子」們，有駐華大使的女兒、首相的兒子，其他的顯貴子弟不一而足。我也在勺園建立了許多寶貴的人脈，交了許多朋友。勺園對我來說，就是幼年時代嚮往過的「聯合國」。無論我將來會到哪裡，也無論我做什麼，我都會珍惜住在勺園的時光，珍惜在這裡結識的友人，並會永遠爲自己北大人的身分而驕傲。

我被安排在勺園一號樓，後來知道，一—四號樓是最舊、最破的。每一層只有一個衛生間和洗澡處，每間房兩個人合住，面積大概十多平方公尺，兩張床，兩張帶著書架的桌子，幾乎沒有什麼空間。許多有錢人住在六號樓到十號樓，那裡條件好，很像酒店。但像我這樣公費的人基本都住在一—四號樓，後來我瞭解到，從留學生的品質和水準看，住在一—四號樓裡的人明顯是占優勢的。在這裡，我結識了很多來自世界各地的朋友，包括哈佛、耶魯、哥倫比亞、牛津、劍橋、東京等世界名牌大學的交換生基本上都住在一—四號樓。勺園裡的通用語言主要是漢語和英語，此外，法語、西班牙語、俄語、阿拉伯語、日語等也到處都能聽到。

我的第一個同屋（室友）來自巴勒斯坦（後來是蒙古國防部幹部的兒子和馬來西亞的名作家），這個巴勒斯坦室友據說是阿拉法特的親戚，牛逼吧？

剛到勺園的第一天晚上，室友不在，房間裡很亂，幾乎沒有放行李的空間，我簡單收拾了一下，就到樓下的食堂吃飯了。食堂空蕩蕩的，我點了兩個菜、一碗米飯。那頓飯給我留下的印象是，米飯特別不好吃，也許因爲我是從「大米大國」日本來的，對米飯本身比較挑剔，也許因爲食堂的米飯的確不好吃。炒菜很油膩，不合我口味。從離開成田機場，到空中旅行，到下飛機，拿行李，打出租（搭計程車），到北大，收拾行李，一直都處於緊張不安當中，也沒什麼胃口，忽然又想念起祖國了。心中不免想：如果是在日本，米飯很好吃，菜也很清淡，還有父母和弟弟妹妹在旁邊，什麼問題都可以溝通，但我又突然意識到：「這裡已不是日本，我是個背井離鄉的遊子了。」我勸自己：不要拿著日本的標準去看現實，要入鄉隨俗。

飯剩了很多。我離開食堂，回房間去。

天已經黑下來，到了房間，好不容易找到燈的開關，卻發現燈不亮，我反覆試了幾次，結果都一樣。屋子裡黑漆漆的，心裡開始緊張起來，晚上沒有燈，該怎麼辦呢？我想到樓下去找傳達室的叔叔幫忙，但我不會說中文，用寫字的辦法交流？傳達室的叔叔會拒絕我嗎？唉，眞是出門萬事難啊！

總算還好，傳達室的叔叔很幫忙，幫我換了一盞燈。當看到滿屋注滿亮堂堂的燈光，心裡頓時有了安頓的感覺。接著收拾東西，然後靠在床頭看了幾遍母親給我的長信，眼淚不聽話地流了下來。

這一天過得很漫長，這裡是異國，人生地不熟的情況下，每一瞬間，做每一動作都處於神經相當繃緊的狀態。到晚上十一點左右，才躺下來準備睡覺，被子有點味道，還有點潮濕，大概很長時間沒有在陽光下面曬了吧。明天自己一定要拿出去曬一曬。心裡想的事情很多，最主要的還是想家。眞是在家千日好，出門一時難，我理解這種難，主要還是心理適應方面的。睡不著，但我要強制自己睡著。這裡已經不是日本，我在心裡一遍又一遍告訴自己：在這裡，只能靠自己，是你選擇的道路，你要堅強，不能往回看，只能向前走。不知過了多長時間，慢慢兒地，我終於睡著了。

第二天起床，我發現枕頭是濕的，哦，我在夢裡又哭了，但心裡已經踏實了很多，在全新的一天，我感到信心又抬起了頭，我的精神狀態不錯，對新的生活，新的人生又躍躍欲試了。

從此開始，這裡，就是我的家了。

與「非典」有關的日子

我來北京時可以說幾乎沒有任何中文基礎。來中國前，也沒有去補習一下，一方面因爲剛剛結束高考，又爲辦理各種手續而手忙腳亂，時間和精力上都顧不過來，另一方面是出於我對語言的認識上的問題。

什麼意思呢？坦率說，在中國以外的地方，日本人對中國文化的理解應該說是全世界最高的。我不是說漢學家，而是說大衆對中國文化的瞭解程度和親切感。這本身是好事，卻也有利有弊。

弊端在哪裡呢？在於日本人往往會覺得，「我瞭解中國，學中文應該很簡單，去中國應該很適應」，這是固定成見或者說是偏見，自以爲有經驗有基礎。我也大受這種偏見的影響，因爲根據這一心理邏輯，我自然得出了「我能很快學會中文」這一結論。

其實學中文並不這麼簡單。不管怎麼說，日本人對中國的瞭解是通過本國的教育和媒體來實現的，日本人對於中國的儒家思想、中國古代史、歷朝歷代的風雲人物確實很瞭解，甚至可以說，在有些領域比中國人自己還瞭解，但這種瞭解是有局限的，是不全面的，總體說來，是對過去的中國瞭解比較多，而對開始走向現代化的現實中國，瞭解還是很有限的。

我也自以爲是地想，與其在日本裝著半瓶子醋的中文來中國，還不如一張白紙地來，到了中國一定會碰壁，碰了壁對自己的打擊一定很大，那麼在這種打擊下，一定會有很強的危機感，也一定會激發出超常的能量，因此，我來北京之前一個字都沒有背，帶著徹底的一塊白腦子，抱著對未來充滿好奇的心態來到了中國。來到中國後的學習經歷表明，我當初的選擇是正確的，一個十八歲的少年，能有這樣的戰略眼光，現在回望也覺得那時的加藤少年還眞是挺聰明的，至少比現在具備直覺判斷力。表揚一下。

由於我來北京的時候著名的「非典」（SARS）已經發生，那段時間天天都是「非典」和伊拉克戰爭的新聞，每天都會上網去瞭解北京「非典」的最新情況，也瞭解美國在伊拉克打得怎麼樣了，同時也思考，美國人的行動合理嗎？符合道義嗎？

日本駐華使館在官方網站上公開要求住在北京的日本人立刻回國，並聲稱繼續居留在北京或許難免有生命的危險。我毫無猶豫地選擇留下來。我從小就不大受這類官方指令的影響，人家也是走形式嘛，要規避責任嘛，我憑什麼要被動地配合人家？我抓住主導權得了。我給家裡打電話，跟父母商量，父親說：「你千萬不要回來！一是機票很貴，浪費錢；二是應該親自經歷一下『非典』形勢下的北京，這將成爲人生中很寶貴的經驗。」母親有些擔心，但我安慰她說：「沒事，別擔心。」我的第一判斷跟父親一樣，能夠親歷

「非典」是人生中一次重要經歷，爲何要避開呢？我病了，後果自負唄，人生本來就是充滿不確定性和突發性的嘛。我不怕什麼。周圍幾乎所有日本人和其他外國人都回家了，中國人也盡量不外出，在這樣緊張的情況下，我每天堅持在北大未名湖畔跑步，也不戴什麼口罩，就像北京根本沒發生什麼事情一樣。

「非典」陰雲籠罩北京後，北大的課程幾乎都停了。記得當時流傳一個消息，說經濟學院教授的家人感染了，那位教授被隔離了，氣氛十分緊張，但我的任務卻始終不變，就是全力以赴學好中文。在那種大家集體處於恐懼和焦慮的情況下，我也做不了什麼對外交往，除了參加一些北大對外漢語教育學院的老師部分開放的漢語課程，我基本都是自學漢語。我給自己定下的目標是：用半年時間把漢語提高到與中國人交流、討論沒問題的水準。

來到北大後，直到七月，就是放暑假之前，我每天基本上是這樣安排的——每天早上六點鐘起床，晨跑一個小時，回來洗澡，吃早餐，出去找賣冰棍兒的阿姨，跟她瞎聊，聊上大半天。中午回學校，一邊吃飯一邊翻字典，這段時間持續兩個小時，然後再去不同的小賣部，跟阿姨們瞎聊，聊到下午五點鐘說「再見」，回學校。回校後，找校內的保安朋友要一份當天別人看過的《人民日報》，順便跟他聊一個小時，然後去食堂吃飯。回到宿舍大概七點鐘，開始翻翻《人民日報》，也不查詞典，懂就懂，不懂就不懂，從頭到尾翻一遍，大概瞭解上面說什麼就可以了。十一點把收音機拿出來（那是在家樂福花八十元買的，要插電線的，因爲裝電池的要花電池費，住在北大宿舍，用多少電也沒有限制，我就選了這種有電線的收音機），我戴著耳機入睡，我把這叫做「睡眠學習」。別忘了，人在睡覺的時候，腦子是繼續活動的。而且，據說「睡眠學習」能帶來特殊的效果，我雖然不清楚它效果究竟如何，也從未看過什麼有科學依據的研究成果，但戴著耳機邊聽邊睡起碼有催眠功能吧。再說，耳朵上戴著耳機已經成爲我來北京後的一個生活習慣，除了上課，我幾乎所有時間都是戴著耳機聽廣播的。開始還覺得這樣走路妨礙觀察周圍人的生活——這種觀察對我瞭解中國街頭文化很重要，儘管如此，最終我還是決定戴著耳機聽廣播，只要聲音不開得太大，邊聽廣播，邊觀察生活，感覺眞的收穫很多，什麼都不耽擱，我就把大部分時間都用在學習中文上了。

曾經有許多人問過我學外語有什麼「祕訣」。現在可以回答，我的答案是：沒有任何祕訣，迷信祕訣的人不適合學語言。學語言就像馬拉松一樣，是漫長而需要耐心的旅程，所以，急功近利的人也不適合學語言。反過來講，擁有自我，也就是習慣於自己決定自己的事，不大受外界的干擾，對新鮮事物充滿好奇的人比較適合學語言。對於學語言來說，最好的教科書就是你的經驗、你的探索欲、你的方法。按照常識，你的經驗也好，探索欲也好，方法也好，能一夜之內形成嗎？不可能，所以我說學語言需要耐心，需要積累，需要一步一步靠近你想像中的、理想中的自我。

我也從來不認爲語言是靠「學習」而掌握的，而是靠「接觸」而掌握的。「接觸」一詞，英文叫「contact」，我說的不是單方面的接觸，而是多方面的接觸（multicontacts）。

語言是通過多方面的不斷接觸才能在自己心中扎下根來的。因此，看電影、電視劇、動漫，看書、看報、看雜誌，聊天、旅遊等等，都是學習語言的好途徑。因此，我們面對陌生的外語，就需要堅持開放與好奇的心態，不要排除任何的機會。

在學習漢語的過程中還有很多「經驗」：跟學日語的中國學生互相學習語言；跟不會日語的中國大學生討論時局；跟中文好一點的日本人說中文；跟中文水平馬馬虎虎的外國人用中文溝通；看中國電影、電視節目；看中國話劇；看與日本有關的中文書籍；看有圖片的時尚雜誌等等。嘗試，在我腦子裡就等於折騰，不折騰的人是不會找到答案也不會很快進步的。我每天跟自己折騰，這也不對，那也不對，這不夠效率，那不夠可靠……最終摸索出了我學漢語初級階段的四大支柱：與土生土長的老北京瞎聊、隨便而放鬆地翻翻字典、不查詞典閱讀《人民日報》、隨身帶著收音機，聽著廣播入睡。

首先說說跟阿姨聊天。在普通話相對標準的北京生活，學漢語有得天獨厚的條件，要利用好這個條件，就應該盡量跟北京人多接觸，但一定要跟普通的、只會中文（最好不識字）的老百姓接觸，而今天的大學生基本都懂些英文，我跟他們溝通不暢時，他們就用英文給我解釋。中國大學生說英文的積極性相當高，我無法控制他們不跟我說英文。而且，全球大學生所關注的話題都差不多，就是那些時事問題、就業問題、國際交流等，而我真正要瞭解的是中國普通人的生活狀態，是盡可能原生態的、特別「土」的北京街頭文化。要瞭解這種文化，選擇那些在街頭無所事事，以聊天為業的阿姨是再合適不過的了，選擇女性沒什麼特別的理由，要說理由，大概因爲自己比較容易親近女性，而且女性說的普通話比男性說的淺顯一些，好理解一些，也標準一些。當然，剛開始時對方會有一些抗拒，「這個不會說中國話的老外，這個曾經侵略我們的日本鬼子的後代」。我還有幾次被拒絕消費呢。但經常過去，發自內心地、眞誠地表示與她們交流的願望，也不斷買她們所經銷的商品（主要以冰棍兒爲主），我逐漸打入到她們中間。我跟無數個阿姨聊過天，有的還成爲了很談得來的好朋友。和她們聊天，最難找的就是話題，天天聊天，哪有那麼多話好聊？我的辭彙量又特別有限，就只好重複聊同一個話題了。開始，聊天是快樂的，但天天聊天，又聊著類似的話題，還是比較無聊，令人疲倦的。後來，阿姨們越來越看穿我找她們聊天是希望提高中文水準的，就照顧我的辭彙量，有時慢慢說，有時另加解釋，有時教我生詞——她們是我學習中文的老師。沒有她們的耐心和包容，我在初期階段的進步不可能那麼快。今天回想起來，我不知道她們都在哪裡，在幹什麼，說實話，連她們的名字都忘了，但感謝之情依然在我的心中，我衷心祝願她們能夠天天快樂，日子能夠越過越好，我還要告訴她們：阿姨，我長大了。

其次說說翻字典。字典對學語言來說是最重要的工具，它是你的兄弟，你的夥伴，你的戰友，必須隨身帶著，要不離不棄。這是我當初開始學習英語時候就確定的座右銘。我從來不用電子詞典，那個用起來是方便，但眞正做到刻骨銘心，還是要一頁一頁地翻，一個一個地查，在字典上留下自己學習的印記，留下的記號，所做的筆記，這一切讓人感到親切，在這樣的使用過程中，字典逐步變成不可或缺的教科書了。而我對機器不會產生什麼特別的感情。每當我翻字典時都準備紙和筆，邊翻邊寫，一邊看新的單詞，一邊發音，一邊聽自己的聲音，一邊做標記。這樣，翻字典本身滿足了語言學習的四大功能：聽、說、讀、寫，可謂一舉四得。對學語言來說，效率也是極爲重要的。但別忘記，沒有最高的效率，只有更高的效率，而且效率也不可能一夜之內得到提高，而是要通過不斷的嘗試慢慢兒折騰才能漸入佳境。而在字典上不斷折騰，就是一個行之有效的提高學習效率的方法。我要像感謝陪我聊天的阿姨一樣，感謝字典！

關於讀《人民日報》。我當初每天在報亭買報紙，看了許多報紙，但每天買報，每個月算下來，是筆不小的開支，於是就想辦法，讀不花錢的報紙。後來發現學校的各個機關處室每天訂閱《人民日報》，北大有許多機關處室，我就四處聯繫，後來跟一個年齡與我差不多做保安的哥們兒建立了深厚的友誼，他約定每天把大家看過的報紙偷偷地提供給我。這樣，我就確保了免費獲得報紙的「管道」。每天下午五點我去保安哥們兒那裡拿報紙，順便聊聊天，也是一舉兩得啊。其實，找到合適的聊天對象並不是一件容易的事情，還是要不斷折騰，才能找到理想的落腳點。那位保安哥們兒就是相當不錯的聊友，我們很能談得來。感謝他對我的照顧！

雖然不少人不太愛看《人民日報》，他們更傾心於專業性更強、更貼近日常生活的報紙，但我總覺得，對於我這樣學習漢語的人來講，《人民日報》還是滿有意義的一份讀物。一是其文字的嚴格和精確。《人民日報》是名符其實的第一大報，所有文字都是經過嚴格推敲過的，基本上不存在文法上的錯誤，非常規範，讓我從中學到了中文的基本結構、語彙和語法。二是其內容的權威性。

因爲它是一份名符其實的黨報，其功能就是爲黨和國家的中心工作服務。那麼，我閱讀它等於瞭解了一個時期中國的中心工作及國家發生的各種大事。剛開始覺得有些枯燥，但後來越閱讀越感到有趣，文字表達的一點點變化往往就能反映出國家政治氣候上的變化，或者說，國家改革開放的進程，都能從這份報紙上找到端倪。從這份報紙上，我學會了如何跟中國人打交道，即盡可能不去牽動人們「政治正確」這根神經。其實，我後來在北大國際關係學院的課堂上修學了「馬克思列寧主義」、「毛澤東思想」、「鄧小平理論」等政治課，絕大多數中國同學已經學慣了這些課，不大提得起精神，我卻充滿了新鮮感，充滿興趣和好奇，畢竟這些課也是瞭解中國政治與教育的關係，瞭解中國社會主導思想與青年關係的絕佳機會嘛。實話實說，我在所有課程裡最重視的就是三門政治課，並從中受益匪淺。

再說說戴著耳機聽廣播。就學語言的意義上說，電視和廣播之爭，誰勝誰負，答案似乎是不言自明的。在大多數人看來，看電視有聲音，有畫面，二者兼具，似乎效果更勝一籌，有視覺效果，再加上字幕，對於知道一點點漢字的日本人，更容易懂得一些。但這樣會帶來一個問題，就是可能會錯估自己的實力。

相比之下，我更喜歡聽廣播。聽廣播純粹是靠兩個耳朵去聽，這對鍛鍊聽力來說是更有效果的。在這裡，想再強調一句，對於學語言來說，沒有最好的方法，只有更好的方法，不同的人群完全可以選擇不同的方法。比如，對於歐美人來說，可能用電視更合適，理由有二，一是他們本來不懂漢字，有沒有字母就無所謂了；二是歐美人的耐心和刻苦程度沒有日本人強，長時間聽廣播是很無聊的，歐美人恐怕受不了，相對來說，快快樂樂地看電視，可能更容易接受一些。我聽廣播，強化了耳朵的敏感度，學會了從總體上瞭解對方說什麼，雖然不一定能弄清每一個辭彙的意思，但可以大致理解整個一段話的意思。對於聽力培養而言，理解整個句子比追究單個的詞更加重要。我是「移動率」很高的人，喜歡到處亂跑，收音機便於攜帶，也比較適合我的生活習慣。「睡眠學習」也給我帶來了意想不到的收穫。在採取這一方法三個月左右時，突然發現自己作夢都是中文版的，也就是說，我已經給自己灌輸了中文版的思維方式和思維結構，這一轉折，大大促進了我聽說中文的能力。

學習語言不是靠金錢堆積出來的。我用以上四種方法學習中文，一共用了多少錢？可以算得出來：跟阿姨聊天是免費的，我買過他們賣的冰棍兒等，但從來不交學費；字典是三百塊錢左右，這三百塊錢買下的是永久的工具，不僅是現在才能使用，從投入和產出的關係來看，利用字典還是比較合算的；閱讀《人民日報》也是免費的；聽收音機有開支，但我買的兩台收音機，一共才花了一百多塊，我用了兩年多。

學習語言需要節約精神，要珍惜每一分鐘，每一種工具，每一個人物，每一次機會。指望靠金錢堆積的人是不適合學語言的。

北大的「小聯合國」——勺園的那些事兒

二〇〇八年五月十八日，中國國務院發布公告說，五月十九日至二十一日爲全國哀悼日，五月十九日十四時二十八分起，全國人民爲四川汶川大地震遇難者默哀三分鐘。屆時汽車、火車、輪船鳴笛，防空警報鳴響。這三天時間裡，全國和各駐外機構下半旗致哀，停止公共娛樂活動……這是特別的日子，大地震在中國引起的巨大悲痛，讓我感到震撼。

之前的十五日（週五）晚上，我跟北大的幾位留學生骨幹在當時大家都公認的北大外國留學生代表、來自非洲貝南的吉尤姆的房間會面，商量我們駐華老外能爲汶川災區做點什麼事。雖然我們不是中國人，但畢竟是在中國境內讀書、生活的居民，中國的朋友遇到災難，我們覺得有義務盡最大努力去幫助受災者。

在中國文化中，這叫仁愛，用西方的說法，這叫人道主義。商量的結果，我們決定動員北大外國留學生和港澳台學生舉行抗震救災募捐活動。十六日（週六）立馬開始準備，分頭到學校的宿舍、食堂、教室等地方貼倡議書，向周圍的同學以及住在著名的北大外國留學生宿舍——勺園的留學生發出倡議，讓大家積極行動起來。我們用兩天的時間調動了所有能調動的人際資源，進行了廣泛的宣傳。

由我們自發推出的北京大學外國留學生暨港澳台學生抗震救災募捐活動得到了北京大學留學生辦公室的支持，也得到了北京大學韓國留學生會、非洲留學生會、台灣研究會、新加坡學生聯合會、越南留學生會、香港文化會、澳門文化交流協會以及日本留學生會的協助。十九日至二十一日的早上八點—晚上八點，募捐活動在北大外國留學生宿舍勺園二號樓門口舉行，募捐開始前，我們集體爲地震遇難者進行哀悼。

在那段時間，包括我在內的大部分留學生都在忙於畢業論文、考試和求職等事情，但在大地震造成的災難面前，大家都放下手頭的一切急務，全力以赴投入到公益活動中。作爲募捐活動的組織者之一，我感謝所有參與者的努力和奉獻，我很欣慰我們一起展現了北大外國留學生和港澳台學生的凝聚力和人道情懷。

除了組織活動之外，我還有一項「特務」——特別任務，就是展開公關工作，因爲我是在北大外國留學生裡面最具備媒體資源的人選之一。這項特殊工作，我只跟吉尤姆一個人作了「彙報」。

這裡我要稍微介紹一下吉尤姆這個人。吉尤姆是我二〇〇三年春天來到勺園之後第一個認識的朋友、我的鄰居。他的本科、碩士、博士都是在國際關係學院讀的。對於我來說，他既是我在勺園的鄰居，也是國關學院的學長，更重要的是，他還是我在華留學、生活當中的最佳朋友和人生成長過程中的導師。

記得二〇〇三年「非典」期間，我每天都到吉尤姆房間聊天，剛開始我不能說中文，就用英文交流（他的母語是法語）。但他擔心那樣溝通下去我的中文無法進步，就有意主動跟我講中文，時時刻刻指導我的中文，偶爾也用英文和我談論一些國際問題、中國政治、人生規劃等方面的話題。作爲有著十多年在華生活經驗的兄長輩的人物，他經常跟我說：「Yoshi（我的英文外號），你不要著急，學中文、瞭解中國都要慢慢來，這樣才能做到扎實。」

「扎實」是吉尤姆對我用得最多的一個詞，在他看來，我這個年輕人（剛來中國時我才十八歲）容易急功近利，不懂得「欲速則不達」。他比我大十五歲，經歷過政府、外交工作的吉尤姆對我的在華成長無疑起到了獨一無二、不可或缺的核心作用。我們的關係一直很融洽，不管是在學校內的學習還是校外的活動，我每做完一件事，總會想到去離我房間（二號樓三層）十五秒左右路程遠的吉尤姆的房間（三號樓三層）跟他說說。他每次都會很迅速、很客觀地對我所做的事情進行評估和分析。

吉尤姆曾經帶我去貝南駐華大使館會見貝南最高領導人和駐華大使，讓我在中國瞭解到非洲的傳統、飲食、風俗及豐富多彩的民族文化。我所經歷的那些場面讓我深切地感覺到北京是個國際化的舞台。

吉尤姆二〇〇九年七月結束了在北京大學的留學生活。記得，他回國的那一天，天氣很炎熱。北大留學生辦公室的領導、非洲留學生會的所有學生，還有我，一起到勺園三號樓門口送他。他跟每一個人打招呼，簡單聊幾句，最後輪到我，我們倆互相看著，自然地擁抱了十秒鐘左右……我回想了六年期間發生的許多故事。沒想到在中國如此深地影響我對國際問題的看法，影響我的人生哲學、生活態度的人竟然是個來自非洲的兄弟。分別在即，控制不住激動的情緒，我的眼淚刷地流下來，千言萬語，不知該怎麼表達，我只對他說了句：「你保重，我會好好的……」

與吉尤姆的離別意味著我的悲傷，還有，我的成長。

二〇〇八年五月二十三日，鳳凰網信息頻道上出現了一篇標題為「來自一百餘國家的北大留學生踴躍捐款」的獨家報導，那篇報導卻沒有註明作者名字：

五月二十一日下午六時，北京大學勺園。為期三天的北京大學外國留學生暨港澳台學生抗震救災募捐活動圓滿結束。此次活動是自四川汶川大地震發生以來，一直牽掛著災區人民群眾的生命和健康的在華外國留學生和港澳台學生的自發性活動。本活動也得到了北京大學外國留學生辦公室、韓國留學生會、非洲留學生會、台灣研究會、新加坡學生聯合會、越南留學生會、香港文化會、澳門文化交流協會以及日本留學生會的積極協助。他們募集的七萬五千二百三十一・九三元人民幣救災款，已通過學校全部捐獻給四川災區。

……

募捐活動得到了北大眾多國家學生和老師的積極回應，在勺園、俄文樓等留學生學習生活的集中區域設立的捐款箱，全天都有中外學生志願者值班，他們積極地向同學們進行宣傳，號召爲災區的人民奉獻自己的愛心。在募捐桌子上寫著「獻出您的愛」。不論金額多少，志願者們都給每位捐款者佩戴精心準備的綠絲帶，並誠摯地對他們表示感謝。許多師生被他們的行爲所感動，積極參與捐款，並簽名祝福，現場湧動著一片融融眞情。

此次活動的組織者之一，日本留學生加藤嘉一表示：「雖然我們的力量微不足道，但本次活動體現著我們對災區民眾的一片心意。希望中國的朋友們能夠理解我們的心情，面對大地震，我們同樣痛心、難過。希望我們的聲音能夠傳達到該傳達的地方。」

天災無國界，仁愛更無國界。

首次披露一下，這篇報導是我寫的，並利用在鳳凰網上的特殊管道直接傳送到總編室，並特別關照以匿名的方式報導出去，後來的回響還不錯。另外，我還徵求北大校領導的意見，「能否讓CCTV採訪我們的募捐活動？」得到領導認可之後，我給央視著名節目《焦點訪談》的記者發短信：「北大外國留學生正在展開自發性質的募捐活動，你能否到北大勺園門口採訪活動？我可以安排，提供便利。」

那位記者因爲另有採訪任務，就把同一節目組的一名美女記者和攝影師派到現場，拍攝了募捐場面，並採訪了包括我在內的幾位組織者和捐款者。我的意圖基本實現了，平時跟那麼多媒體打交道，積累的資源在關鍵時刻派上了用場。

除了鳳凰網和央視之外，北大自己的媒體也進行了跟蹤報導。

五月十八日，我也在自己的博客上爲募捐活動做了一點點「廣告」，也談及了大地震發生後中國人和日本人之間感情互動產生的積極跡象：這幾天忙於寫畢業論文，我馬上要從北大畢業了。爲了順利結業，做好畢業論文是必經之路。我會努力完成，如果有機會也希望能夠讓它面世。

距四川大地震發生已經大約一百四十個小時了，胡主席還在災區指揮救災工作，外國救援隊也在現場與中方合作，盡力去搶救寶貴的生命。希望更多的生命能夠得到挽救，也希望災區災民能夠早日恢復原來的生活。據說，捐贈總額已達六十・二三億元人民幣。目前，無論是國內還是國外，全球村民都很關心災區的情況，我認爲，雖然這是一場災難，但如果能夠引起全球人民的關懷，喚起人類的愛心和團結的力量，共同邁向和平與發展之路，那麼，這也是值得珍惜的精神財富，很有意義。

週一到週三早上八點到晚上六點，我將參與動員北大五千名外國留學生舉辦「北大留學生暨港澳台學生抗震捐款活動」。地點是北大外國留學生宿舍勺園二號樓門口，希望大家能夠一起推動捐款活動。希望所有生活在北大的外國人超越國界，全力以赴，去展現我們的誠意，去發出我們愛的聲音。

最近，我經常收到中國朋友的短信，朋友們很感謝日本政府向地震災區派遣救援隊。在網上，經常能看到感謝的言論，其程度遠遠超出我的意料。其實，我在前一陣〈中國爲何優先接收日本救援人員？〉一文裡也提到，中方接受日本救援隊具有一定的必然性。我們都是亞洲人，如果中國的朋友們遭到困難，那麼基於人道主義，從仁愛的角度出發，盡最大的努力和誠意去提供幫助是應該的事情。不過，收到中國朋友們積極的信息還是特別令人高興的事情。我不能代表日本，但大家通過我表達向日本國的感謝。說實話，我心裡有些複雜，因爲中日關係充滿情緒化、脆弱性的時候，比如二〇〇五年，我經常受到中國朋友指責，原因是日本首相不尊重歷史，我受指責是因爲我是日本人，因爲我是跟那些政治家同一個國籍的人。這次許多當時指責我的朋友，通過我這個人向日本政府表示感謝……

希望中日兩國通過這次的合作能夠鞏固合作關係，建立信任基礎。無論是在國內、雙邊還是全球問題上，都能夠建立互相關懷、尊重、理解、信任的關係。這才是成熟的關係。四川大地震有可能給中日關係帶來某種契機。我精心策畫的「特殊工作」，取得了還算成功的結果。

下面我想多花些筆墨來談談勺園。

我們的宿舍勺園簡直是個「小聯合國」，它由一到九號樓組成。五到九號樓是「新」

而「貴」的，除了留學生宿舍功能之外，它們還起著接待外賓的酒店作用，住一晚上需要二百—三百元，一般都是來自歐美、日本、韓國等發達國家的自費學生住在那裡，基本上是一人一間。一到四號樓則是簡陋而相對便宜的，住一個晚上大概三十元，一個月不到一千元，兩個人住大概十五平方公尺的小房間，宿舍管理部門提供一張床和一張帶著書櫃的桌子。每一個房間容納兩張床和兩張桌子，就幾乎沒有踩地的空間了，顯得很小。許多來自第三世界或發展中國家——比如非洲、中東、拉丁美洲、北韓以及東南亞、東歐等國的公費生住在這些樓裡，畢竟是拿著中國政府獎學金上學，不可能允許享受那麼豪華的待遇。

肯定的是，一號樓到四號樓才是真正的勺園——小聯合國。許多來自世界各國的「牛逼」學生基本都住在這裡，他們往往是有背景而又有前途的。我在勺園建立了對我影響深遠的深厚人脈，交了很多朋友，其中包括某國首相的兒子、某國駐華大使的女兒、某國著名政治家的兒子、某國著名記者的老婆等等，這些都是留學北大獲得的財富。

如果我記得沒錯，勺園應該是上個世紀八〇年代建造的，我許多曾在北大留學的日本長輩們——外務省高官、著名學者、著名商社老闆、大銀行總裁等——都是曾經住過勺園一號樓到四號樓的，有一批人目前常駐北京，作爲公司管理層、領導層回到當年的留學地點——北京。我經常跟他們邊吃飯邊聊天，勺園則是不可或缺的切入點，因爲，它是我們跨時代的共同的記憶，美好的記憶。我們都很感恩北大和勺園，把它視爲我們的第二故鄉，對它有著家園般的親切感和綿長的情意。

雖然處在中國境內，但勺園這一小聯合國也有外人不知道的小隱私的。如前所述，勺園的管理制度規定，必須是兩人分享一間，否則房間數量遠遠不夠。每年開學時期，許多留學北大的新生只能申請在勺園一到四號樓住。然而，它永遠是供不應求的，因爲北大太受歡迎了。爲了緩解供求矛盾，北大已經在中關村地區建立了外國留學生和外國專家宿舍，似乎是公寓式的現代化建築。但即使北大人也不太清楚究竟何時搬到那邊去。由於勺園房間嚴重不足，包括日本學生在內的許多留學生被迫選擇在校外，比如離清華大學、成府路很近的「韓國村」——五道口，尋求租房，大多是留學生一起合租，一個人每月大約分攤一千——一千五百元，是一筆不小的開銷。好在，那邊的環境比勺園清潔、優美，缺點是要承受難以享受勺園特色的人脈和資源這一巨大代價罷了。

造成勺園住房供不應求的另類原因顯得比較「黑道」，因爲住在勺園多年的老勺園們，尤其韓國留學生刻意借用住在校外學生的姓名，在名義上兩個人登記住宿，實際上是一個人獨住。其實，這一現象早就被校方看破，成爲公開的祕密了。我無法統計到底有多少學生是用這一名義借用的方式一個人住，但粗粗估算一定不少。我也無法知道校方對此問題的眞實態度和立場如何，是要「打黑」，經過精心的調查清理這一違規行爲，還是默認而不予追究。我估計，校方很可能更傾向於採取多一事不如少一事的態度，因爲至今也沒有看到管理部門有什麼行動，這種現象已經成爲勺園內部一些人奉行的潛規則，要去觸動這些潛規則，校方會考慮值不值。畢竟利用這一方式的絕大多數都是老北大或老勺園，他們太瞭解北大了，校方如果下手整治，一定不可能風平浪靜，校方一定會考慮，把潛規則轉變成明規則。對管理部門又有什麼好處呢？衆所周知，在中國辦一件事，有時前者比後者還重要，還根深柢固。勺園也有著同樣的困擾。

根據二〇〇七年十月的統計，北京大學有本科學生一萬四千一百二十五人，碩士研究生一萬一千二百二十四人，博士研究生五千四百四十二人。有來自八十個國家的長期外國留學生二千四百多人，其中攻讀學位的留學生一千七百五十七人。北大已同近八十個國家和地區的二百多所高校建立了校際交流關係。

即使一到四號樓收費相對較低，但其費用比中國學生的宿舍仍然昂貴得多，當然，這也是天經地義的。據我所知，中國學生目前四個人住一個房間，費用一年一千多元。

對我個人來說，北大基本可以滿足生活所有方面的需求。美麗的未名湖給我提供了最佳跑步場所，它周圍的空氣比城市裡面要好很多，早晨和傍晚的湖畔極爲漂亮，令人心曠神怡。除了跑步，未名湖畔還適合做兩件事：一個是看書，我有時候在未名湖畔看書度過一天的時光；另一個是談戀愛。我每天在未名湖畔跑步時無一例外地都能看到戀人手拉手散步，有時他們親吻、擁抱，深夜甚至有更深入、更過火的舉動。

我當然不會這樣，我一直認爲在公共場合隨便親吻、擁抱是不文明的，頂多能接受拉拉手吧。我談戀愛的經驗不多，談的對象從出生至今只有三個。未名湖也曾見證過我表白或被表白，我也曾在晚上跟學姐或學妹散散步、聊聊天。只是我從沒有做出任何令人想到野蠻主義的事情。我只是喜歡跟異性聊天，這樣可以讓自己放鬆下來，在交流中產生心靈的共鳴，激發出思想的火花。

在北大校園裡，中國學生與外國留學生的關係有很微妙而複雜的一面。彼此之間交朋友也好、談戀愛也好，剛開始似乎大多本著實用主義，即前者渴求通過與後者交流提高外語水準，培養國際視野；後者渴求通過與前者交流提高中文水準，以便於扎根中國。我認識的勺園「同胞」裡面，有日本的、韓國的、印度的、美國的、法國的、南斯拉夫地區的、巴西的、奧地利的、瑞士的、尚比亞的……數不清的朋友曾跟中國同學談過戀愛。他們剛開始還是很浪漫的，不乏中國女生到勺園做客聊天，戀人一起到距離不遠的未名湖散步，吃完飯回到勺園，甚至留宿。

不過，勺園對中國女生來說絕不是容易進來的地方。因為，除了住在勺園的外國留學生之外，外人，尤其中國人進宿舍是需要登記並提交身分證的，管理部門以這樣的方式進行控制。但大家都知道，這樣做確實帶來很大不便。上有政策，下有對策，辦法是人想出來的，所謂辦法無非就是下面幾條：第一條，也是最常用的一條，是悄悄地讓女生假裝住在這裡的外國人混進來，第二條是靠公關，跟看門的保安先生，叔叔阿姨搞好關係，甚至搞點感情投資，以此換取他們網開一面，讓女朋友（我很少看到外國女生交中國男生，一般都是外國男生交中國女生）能順利地進來，共同度過青春美好時光。中國女生到外國男生宿舍雖然不容易，但外國男生到中國女生的宿舍更難，甚至根本不可能，因爲那裡是四個人一間，男生很難混進去，而且外國人目標太大，如果被發現了也較麻煩。總的來說，在北大校園裡所展開的跨國戀愛沒那麼簡單，空間的限制是一個很令人困擾的問題。常常是，兩個戀人在平時苦苦忍耐，到了假期一起出去旅遊，好好解放一下。這是北大學生跨國戀愛的常見模式。

那麼，戀人的某一方畢業或回國之後，雙邊關係走向何方呢？實際上有短命的，也有長壽的，但一般維持起來很困難。一個現實的問題是，絕大多數留學生在北大完成學業後不會留在中國，而要回國工作。除非他的工作與中國關係非常密切，有機會經常來北京出差，或「中方」畢業後也到對象所在國留學、工作，否則來自不同國度的兩個人，交往很難持續下去。至少據我所知，至今沒有走進結婚殿堂的成功案例。

在北大勺園經常引起熱議的是韓國留學生。北大校園裡，韓國學生隨處可見，而且特徵一目了然。他們有自己獨特的集團主義或民族主義，往往只在韓國學生之間打交道，甚至呈現出一種排外主義的特徵。據不完整的統計，北大留學生裡面大約一半爲韓國學生。坦率地說，很多韓國留學生的素質相對來說不是很高，這幾乎成爲大家的共識。我當年讀四級國際關係學院本科，一共一百三十多個學生中，外國人大概占四分之一左右，其中韓國學生占外國學生數的一半以上。許多韓國學生經常一起上課，考試之前相互「勾結」、分享筆記、勉強過關的情況相當普遍，也有因作弊被迫退學的。「韓國學生作弊」曾成爲一種流行現象，我當然不會以偏概全，我認識的許多韓國學生也是很優秀的，也有到三星、LG等大企業發展、成爲跨國人才的朋友。但總體而言，在本國無法應對國內激烈的競爭，尋求出路，到中國自費留學，試圖借北京大學這一學歷品牌，再回國應聘，尋求出路的學生占多數。韓國學生們一般不願意正視這些現狀。

他們經常放學之後集體到五道口這一「韓國村」（因爲那塊地區到處都是韓國人，滿耳都是韓國語，所以大家稱之爲韓國村）喝酒、打架，時常鬧到凌晨才回宿舍。周圍人對韓國人的評價，實話實說，是極低的。

作爲一個日本人，我還經歷過一件深感震撼的事情。

二〇〇六年六月十二日，北京時間二十一時，德國舉行的世界盃足球比賽，日本VS.澳大利亞，我在勺園跟其他日本同胞觀看這場重要比賽的直播。上半場二十六分時，著名球員中村俊輔進球，我們以爲日本隊贏定了，處於樂觀和興奮中。到了下半場最後一刻鐘，三十九分、四十四分、四十七分時，澳大利亞隊連續三次進球。每一進球，整個勺園建築就像發生了地震一樣動盪著，原因是韓國留學生渴望澳大利亞隊打敗日本隊。結果日本一比三輸了，韓國學生特別亢奮，通宵喝酒慶祝。我們日本學生當時在宿舍裡眞沒面子，我跟同胞們說：「如果韓國隊對澳大利亞隊，咱們肯定支持韓國隊是吧？畢竟同樣是東亞的隊伍，更是鄰國。他們怎麼會這樣呢？」那場比賽讓我清楚看清了他們心底的祕密，並感覺到，韓國人的反日情緒根深柢固。

談到反日情緒，我就必須談到北京大學從二〇〇四年開始舉辦的著名國際交流活動——「國際文化節」。國際文化節是北大各國（包括中國）、地區（包括中國的港澳台）的學生們以展台表現的方式向全校學生以及在華外國使節代表、企業，國內機構、媒體、民衆等展現各自的獨特文化，提倡世界各國、各民族和諧相處、共同發展的精神。我在來華的第二年參加了首屆文化節，那個時候，日本展台表演了茶道，受到了參與者們的好評。

第二屆我是以北京大學日本人協會會長的身分參加的，是有責任率領二百五十名左右的日本留學生，爭取在華的日本大使館、基金會、企業等機構支援文化節的。我參與了全部過程。那是二〇〇五年十月二十二日，蔚藍的天空，清涼的空氣，熱鬧的氣氛。「第二屆北京大學國際文化節」在校內校外引起了較大的回響。作爲日本展台的負責人，我想由衷地感謝校方對本屆文化節付出的一切努力以及各國留學生的積極參與。

在這裡，我想回顧一下那屆文化節的籌備過程，並給大家透露一些不爲人知的內幕。

北大人都知道，國際文化節一般是在春夏之交的時候在百年講堂廣場及其附近主辦的。二〇〇四年四月二十四日首屆文化節圓滿成功之後，校方、各國留學生都爲第二屆文化節做準備工作，時間定在二〇〇五年四月三十日。我們日本留學生爲籌備工作付出了許多血汗，校方、其他國家的留學生也如此。結果，舉世矚目的文化節被延期了。

爲了說明文化節被延期這一決定和其原因，北大國際合作部通知各國留學生，開了個內部會議。校方很遺憾地面對著我們，給出的原因類似於「那段時間校內外的行政、事務工作很繁忙，無法完整地組織國際文化節所需要的資源」。

但在座的各國留學生代表們都很清楚，校方給出的理由是表面的，他們眞正害怕的是到時候現場會混亂而失控。說得白一些，就是怕出亂子。

那麼，當時怕什麼呢？二〇〇四年第一屆在四月份這個最好的季節裡舉辦，並取得了圓滿的成功。後來的各屆也都辦得有聲有色，到二〇一〇年，已辦到第六屆了。那麼，爲何只有二〇〇五年的時候如此謹慎，如此害怕「亂」呢？

背後的擔憂是反日情緒。之前四月九日在北京發生過大規模的反日遊行，早上八點從中關村海龍大廈出發的遊行隊伍經過北大西門、清華西門，最後到達位於建國門的日本駐華使館，最終擴大到一萬人的遊行隊伍向大使館投扔石頭、雞蛋、塑膠等，也波及了日本餐廳、日本企業所在的建築大廈等。一周前，四月二日，四川成都的華堂被民衆襲擊，幾乎同一時間在廣東地區，反日遊行從深圳開始蔓延。一周後，在瀋陽、上海發生了更大規模的反日遊行。上海那天遊行的規模最大，遊行消息通過網際網路和手機短信，大範圍地流傳……

在北京遊行的那一天，我還做了回「特務」，就是一方面絕對不讓北大日本留學生參加遊行，同時，自己「潛伏」在遊行隊伍裡面，瞭解遊行隊伍的動向，並及時彙報給日本使館的有關人士，以便讓他們及時掌握信息，提前採取措施，保護在華日本法人的安全，這是理所當然，何況我是留學生會長，與日本大使館是有聯繫管道的。這樣做，我認爲不僅符合日本的利益，也是符合中國利益的，畢竟，兩國都不希望發生不可挽回的重大損失。我的工作，可以悄悄起到保險閥和預警器的作用。

不必諱言，二〇〇五年三月到四月那段時間，包括北京在內的中國國內充滿著反日、厭日、嫌日情緒，舉辦跟日本有關的活動，幾乎百分之百可能受到中國憤青們干擾。國際文化節是對校外開放的，誰都可以進來，自然誰都可能來湊熱鬧、搞熱鬧的。校方最後下決心決定延期，自然，這個決定也一定不是校方的擅作主張。雖然這一決定讓我們日本學生感到難過，當時許多日本留學生，尤其是作爲我的夥伴一起參與策畫、籌備工作的經濟學院的學姐（她畢業後去《朝日新聞》當了記者）今村優莉很傷感，流了很多眼淚。開完會後她堅決不接受校方決定，我就衝過去勸她冷靜下來：「你先別這樣，校方有校方的考慮和擔憂，這也是爲了保護我們日本留學生。這不是取消，而是延期，理解一下好嗎？」她很憤怒地對我說：「你這樣說是背叛我們，別屈服校方了，日本原因導致文化節延期，你怎麼對得起其他國家的學生呢？以後再也不相信你！」哎……女孩子就是這樣，總是情緒化，雖然我也理解，畢竟，那年是她的畢業年，延期對她來說就等於是取消，她對文化節有著很深很厚的感情。那天以後，我們幾個月也沒有說話。後來和好了，她畢業典禮那天，我向她表示了祝賀，直到今天，我一直對她的記者工作提供力所能及的支援。

二〇〇五年九月份，新的學期開始了。九月二十六日，我接到了國際合作部直屬，促進國際交流的最大學生社團SICA（Student's International Communication Association）學生的電話。她說：「十月二十二日主辦第二屆文化節，九月二十九日校方開第一次協調會。」這條消息對我來說太突然了。我還記得我在電話裡對那位學生說：「我們馬上要放假，不是國慶日嗎？大部分的學生都要離開學校去旅遊，只能節後才開始準備，不到兩周的工作時間，物質上不可能準備好，我要求改變文化節的日期，其他國家的留學生也一定會這麼想的。」

九月二十九日，通過第一次協調會瞭解到日程安排之後，我開始思考應該怎麼開展今後的籌備工作，並馬上向我們的支援機構——日本駐華大使館和日本國際交流基金通報了這條消息。放假期間，雖然沒有順利地和校方、志願者、日本留學生保持聯繫，但爲了開學之後能夠順利、迅速地著手，我和一位日本留學生會的助手放棄休假，留在學校進行前期的籌備工作，爲放假後大約兩周左右的集體籌備進行充分討論，預作準備。

十月十三日，在第二次協調會上遞交展台計畫之後，我們日本留學生（這次專門爲本屆文化節建立了執行委員會）也開了第一次會議，並充分地討論了展台內容，決定當天在展台裡面表現「日本的節日」（Japanese Festival）。在日本，每個地區都有獨一無二的風俗習慣，定期主辦「祭」（「節日」的意思）是從過去流傳下來的傳統文化。我們很興奮，因爲，「祭」是每一個日本人從小都很期待的，如果我們能夠在中國主辦「祭」，就能和中外的朋友們共用日本的文化。

第一次執行委員會會議之後，我們的工作很順利。雖然日本留學生之間的溝通出現了一些問題，但是對大局沒有絲毫的影響。此外，我和國際合作部的老師、學生代表以及日本大使館、日本國際交流基金的溝通也很充分。他們作爲日本展台的負責人，對文化節的期待越來越高，對我們的表現越來越有信心。

十月二十二日文化節當天，我們從早上五點鐘開始搬運東西、布置展台。太陽還沒升起來，天氣特別冷，手都凍得沒感覺了。不過其他國家的留學生以及校方組委會也很認眞地準備著，給了我們很大的鼓勵。七點半，差不多布置好了，女生和男生已經把和服穿好了，我沒有穿，因爲很害羞。廣場上的人越來越多。

爲了把日本傳統和現代結合起來的「祭」表現出來，我們在物質和精神兩方面都準備好了。日本人相信一個哲理——「充分的準備高於一切」。當時我對日本展台充滿著信心，除了「一件事」之外。

天氣越來越暖和。舉行開幕式的同時，我們日本展台的第一個節目「茶道表演」也開始了。這是從第一屆繼承下來的節目。

穿著和服的男生和女生一對一地表演。這些茶道工具、傳統遊戲工具、裝飾品、幾千本資料都是日本大使館和國際交流基金免費借給我們的。展台裡面充滿著日本茶道文化的氣息。很榮幸地說，表演大受歡迎，日本展台前被觀衆擠得水洩不通。我們的精采表演引起了中外朋友們的熱烈關注。

快到十一點的時候，節目進入了「抹茶品嘗會」，也就是一邊表演茶道，一邊請中外朋友們品嘗抹茶，還爲大家準備了一些茶點。展台裡外都擠滿了人，因爲太擠了，致使活動沒法進行下去！怎麼辦？我們趁機推廣起了日本的「排隊文化」，現場逐漸恢復了秩序。

接下來，我們進行了托球、套圈兒等日本傳統遊戲，當然有精美的日本獎品作爲獎勵。這些遊戲都是我們日本人從小就玩的，是「祭」的重要組成部分。中外朋友們看到了日本式的燈籠，就興奮地跑過來，對這種獨特的燈籠和其他的日本風味產生了濃厚興趣，在展台裡面人們高高興興地遊戲，加強了彼此的理解。客人們遊戲過後，領著有關日本的豐富資料，帶著燦爛的笑容滿意地離開我們的展台。每當看到觀衆發自內心的笑容，我就感到放心。我是很不善於表達感情的人，文化節當天也盡量理性地管理我們的展台。不過，看到中外朋友們對日本展台的喜愛和認可之後，我還是表現出感激之情。

我一定要談一談「一件事」，這件事也是我們這次準備活動過程中一直擔心著的。大家都知道，雖然上半年的反日輿論已經有所緩和，中日關係也有所回暖，兩國交流的實態是積極的，但氣氛仍然不太好。一衣帶水的中日兩國有兩千年以上的悠久交往歷史，兩國之間的經濟、文化交流日新月異。不管是經濟上的合作、留學生的往來、現代文化的傳播還是學術交流，重要夥伴之間的交流程度，都是史無前例的。但由於一些政治原因，重要夥伴之間的交流氣氛往往受到阻礙，並且往往很不容易達到相互理解、相互信賴的高度。

那次文化節突破了「實態好，氣氛不好」的惡性循環的魔咒。說實在話，作爲日本展台的負責人，我一直擔心日本留學生和中國觀衆在現場發生摩擦，甚至「肢體衝突」，但最終這些都沒有發生。彼此之間始終保持著和睦的交流態勢。我的焦慮被證明是杞人憂天。沒有人對我們展台採取任何不友好的言行，反而有許多中國朋友特意過來向我們主張中日友好。一位北大學生的家長對我說：「我覺得你們今天辦得特別棒。我們共同努力！共同實現眞正的中日友好。」我們握了手，大概握了三十秒吧。那位家長離開之後，受到現場氣氛的感染，我變得感性化了，人都是有感情的嘛。不管中國人還是日本人都是有感情的。

我通過這種近距離的接觸，再一次加深了自己對中日兩國交流最根本的基礎的認識和理解。

我在勺園或校園裡其他場所遇到過像那場足球比賽那種沒有尊嚴、沒有面子的場面，也經歷過國際文化節那樣令人緊張的場面。這些眞實的故事讓我不得不反思日本人如何在東亞地區生存下去這個嚴肅話題。然而，勺園這一學習外語、培養國際視野的天堂對我的留學生活、對我的世界觀的形成無疑起到了十分重要的作用，這一點是肯定的。

二〇〇八年四月，我一直以來有交往與合作的鳳凰衛視《文道非常道》節目要做一個「聚焦兩代中國通：老一代反共，新一代親中」的專題。梁文道那邊缺乏後者，即新一代中國通的畫面，我常去做客的信息台《時事辯論會》的主持人、節目總監黃海波大哥給我打電話，讓我幫忙，以「鳳凰衛視特約記者」的身分採訪幾位從北大勺園走進社會的未來中國通，時間很緊，第二天就要畫面。

拜託，眞是太急了……我迅速開始思考哪些話題可以討論，哪些留學生可以採訪，我開始跟勺園的同胞們密切接觸。既然我在國際關係學院，這裡是中外結合的學堂，就乾脆從我同學裡找人。第二天早上，導演加藤嘉一將採訪地點安排在未名湖畔、博雅塔下，採訪者和被採訪者在大石頭上坐著聊天，攝影師由我的一個學弟擔任。以下是梁文道那邊使用畫面的文字實錄，我順便再配上一些簡單的介紹文字，用括弧標明：

梁文道：我們看下面一條片，是我們在北京拍到的，很多外國留學生，看看他們對在北京的留學生活有什麼樣的想法。

解說：隨著來華留學的人數和學歷不斷提高，未來活躍在外國政壇、商界和學術界的中國通也將越來越多，這一批北京大學國際關係學院的外國學子，他們在觀察瞭解和思考中國的過程中，有什麼體會呢？高興（印度男生，博士生，應該是在華的印度人裡面中文最好的，數一數二的中國通，也是我在勺園最好的朋友之一）：對留學生，我會推薦，就是一定要讀《毛澤東選集》，這個可以幫你瞭解中國的過去怎麼樣，然後現在可以看《鄧小平文選》，這是第一個。第二個還是應該要走出學校，要多跟中國人溝通，「溝通」兩個字在中國是很重要的，多請客，多吃飯，這是我的一種個人體驗。周游（奧地利男生，碩士生，帥哥，比我大一歲，是我很好的朋友，雖然學中文的時間不長，但很流利，基礎打得很好，除了中文，英文和俄文也很流利，法文、德文則是母語）：剛來到中國的時候，就是肯定有些偏見，尤其是對中國政治方面有一些偏見，後來在中國待了一兩年以後，我跟中國人一起上課，一起上政治學的課，國際關係學的課程，我就感覺現在也能從中國的角度來思考很多問題。後來就把我以前的那個片面的分析角度，跟中國的分析角度放在一起，就是讓它融合氣息。吉尤姆（貝南男生，博士生，上面已經解釋過了，我在中國第一位、也是最好的朋友，我總有一天要超越的人生導師）：非常非常重要，要多讓外國人去學中文。武黃河（越南女生，我的同學，很可愛，中文很好，學習認眞，人很和氣，她爸爸是當時的越南駐華大使，現在應該職位更高了吧）：畢業以後就繼續學習，就增加我的知識，之後就有很多事情可以做了，在中國和越南，增加兩國，或者更多國家的關係，這樣子。

加藤嘉一：我們今天是生活在全球化的社會，多元化社會，我個人認爲，二十一世紀，我們要回答的問題到底是什麼？是全球化和多元化，（二者）是不矛盾的，全球化從某些方面是不斷同一的過程。但我們的世界是非常多元化的。那我們怎麼去組合？我們今天在中國觀察事務，我認爲這是我們最好的平台。（可以思考）中國的模式、國外的模式到底怎麼結合，到底怎麼溝通，到底怎樣中外結合。

外國留學生：祝願奧運圓滿成功。

北大學子是「菁英」嗎？

對於我永恆的母校——北京大學，感受很多，思考很深。不過，我猶豫了半天：要不要寫母校？我寫了北大，至少會間接地得罪北大，這樣以後的許多事情也許會不好辦了，中國是講究面子的社會，北大也應該不例外。得罪是最不應該犯的「錯誤」，但我對北大似乎總想說點什麼，既然要說，就不可能只是讚揚，勢必會涉及到它目前所面臨的問題和所陷入的困境，如果不涉及這些，在我看來就沒有任何建設性意義了。我不能違背自己的原則，要寫，我絕對不會寫那種拍馬屁的官腔文字。既然要寫，我就寫我該寫的，寫我想寫的。一個知識分子無法去追求眞理，甚至害怕表現眞實，那在我看來是莫大的恥辱。

我深知，在中國社會裡生存，必須要說服自己向上級機構和領導靠近，這也是中國特殊國情下的遊戲規則或潛規則。不過，規則也是可以改變的。在這個複雜的社會裡謀生的知識分子，很需要也有責任向全社會發出獨立的、理性的聲音。這裡我就冒一個險，寫出我對北大的眞實想法，因爲我愛北大，因爲愛，才會求全責備，才會希望它更好。我自認我的批評是出自善意，從內心深處，我是期待北大可以科學、持續以及和諧發展的。

進入正題之前，先弄個開場白。北大的好處、長處、優點等已經不用展開了，因爲大家都明白。它在中國的地位深入人心，這是中國父母和衆多學子的夢想所在。在國際上，北大的地位也隨著中國改革開放深化和綜合國力的提高而發生日新月異的變化。在北大，師生們能夠接觸到世界赫赫有名的重要人物，各國首腦、政要、著名學者、文化名流，是這所大學的常客，這裡是拓寬視野的絕佳之地。

二〇〇三年以來，北大給予我的太多，它是我的中國記憶中最重要的部分，我的在華生活和北大密不可分，沒有北大，絕對沒有今天的我。

我接觸到的北大老師都很熱情、高尚，隨時會向我伸出援手，提出建議，提供說明。北大的學生都很聰明、優秀，與他們沒完沒了的政治、學術討論深化了我的思考，豐富了我的知識結構。結識北大師生是我的最大幸運，但願我們能夠持續性地相互學習，共同進步。

在北京，與我關係最深的是北大，在中國，影響我最深的是北大，在世界，給我成長最多營養的，也是北大。北大無疑是至今影響我人生的最重要的場所。

對於她，我永遠抱著感恩之心，並激勵自己一輩子做好北大人，以無愧其偉大的歷史。

下面，我想談談我對北大學子的觀察與思考。

首先，我想說說我對「菁英」一詞的理解。

「菁英」（elite）一詞無疑很好聽。無論是哪一個國家、社會還是哪一種行業，都有所謂「菁英」，也都需要菁英的支撐。菁英對一個社會的發展很重要。不過，對究竟什麼是菁英，我的認識有一個逐步深化的過程。我來到北京七年，接觸了中國與日本的很多菁英——政治家、政府官員、媒體記者、商人、智囊、律師、銀行家、投資者、運動員、藝術家、作家、北大學子、東大（東京大學）學子，在與他們的接觸中，體驗並思考著菁英的內涵和意義。

我認爲，「菁英」必須具備兩個方面的素質。

第一，潛能。這一點不言而喻，你是菁英，沒有潛能行嗎？肯定不行。我說的潛能包括一個人的基本素質、理解能力、知識面、思考力、分析能力、判斷力、創新精神、溝通能力、語言水準等等諸多方面，這些能力與所謂的學歷是沒有直接對應或因果關係的。潛能是一個人能夠主動判斷形勢，理解現狀，掌握知識與獲取經驗，尋找機會，調節自己，摸索可能性，改變現狀等的能力。當然，如果要羅列，還有很多。一個人除非有這些能力，否則很難稱爲菁英。

第二，公共意識。一個人生下來，爲自己所在的、所生活的國家、社會做點事，在我看來，是理所當然、天經地義的事。一個人做任何一件事的時候，除了考慮這件事對自己有什麼樣的意義和利益，同時還要想著對整個社會有什麼樣的意義和利益，從人類社會進化，甚至生存的角度看，能夠站在全人類的角度考慮問題，把地球作爲一個村莊，把自己看作地球村裡的一員，自己的生存和他人的生存是休戚與共的。唯有擁有這樣的自覺意識，一切才有價值。我覺得，這是一個人的基本素質，這一標準，是不分國籍、不分民族、不分行業、不分性別的。當然，對幼稚園的小孩兒提出公共意識的要求是苛刻的，也是不現實的。但對一個成年人來說，無論這個成年人是獲得博士學位的，還是大學畢業的、高中畢業的，乃至初中畢業的，要求他們具備公共意識，都是順理成章的，沒有誰可以自外於這個標準。我始終認為，只要初中畢業（中國的義務教育包括小學和初中），你就完全應當具備最基本的公共意識。更何況作為社會中堅的菁英們呢？比如，韓寒很不錯的，在我眼中的八〇後裡，韓寒是最具備菁英姿勢的人，不管他自己有沒有意識到，主觀上願不願意去承認和擔當，韓寒已經扮演著社會菁英的角色。他在與新浪簽約的獨家博客中時時刻刻向全社會發出的聲音，對權威的挑戰和批判，客觀上體現著菁英的精神。韓寒也就像美國總統歐巴馬那樣帶著開放的思想、清晰的頭腦以及帥氣的外表，廣為公眾矚目。而這三種條件，必將使他成為更有突破力、滲透力和影響力的菁英。

在日本，像韓寒那樣的年輕人恐怕很難出現，因為，日本就像我在前面的章節裡分析的那樣，是排斥突出，攻擊另類的社會。我不說自己是個菁英，肯定的是我在中國更有可能做到菁英這一高度，這是客觀環境決定的。日本恐怕至少在現階段無法讓我成為菁英。

按照我的標準，我感到在今天的中國和日本，都缺乏真正的菁英。有本領的人在兩個社會裡還是有的，而且數量不少。有本領的人可以稱為「人才」，「人才」和「菁英」，在我看來，是兩個不同的概念。人才只不過是爲自己歸屬的公司、單位、機構服務、貢獻。而菁英則可以超越自己歸屬的小空間，爲更高的目標服務。

中日都得好好培養菁英，尤其是年輕的菁英。從哪些人中間培養呢？最好的培養對象是大學生。因爲大學生具備基本的文化修養，而且還處於可塑的年齡段，大學生即將走上社會，他們的作爲，將對社會產生影響。

在北京大學，我周圍的很多學生很有能力，他們的聰明超出我的想像。但他們能稱爲菁英嗎？不能！他們中大多數人包括最優秀的學生普遍缺乏公共意識，他們只爲自己著想，只考慮將來能賺多少錢，能謀取什麼職位，能過上什麼樣的日子，工作中能得到多大好處。當然，這些意識都有合理性，在一個物質時代，生存和發展壓力比較大的情況下，一個年輕人不可能完全不考慮這些。菁英們也會考慮這些，但他們的不同之處在於，除了這些，他們還會替社會思考，並且盡可能把個人價值的實現和整個國家乃至世界的需求結合起來，把個人發展和社會整體進步結合起來。

我希望自己能夠朝向成爲菁英的方向努力，而不僅僅成爲一個成功人士。

就北大學子而言，九十九%以上的人的潛能不成問題。今天，北大、清華也許是全世界最難進的大學。也許你會說，哈佛更難上，但在我看來，上北大比上哈佛難多了。所以，能考入北大的，絕對是人中精華。平心而論，我的天資絕對不如北大絕大多數中國學生，他們的聰明和優秀時常讓我感到壓力，不管是記憶力還是計算能力，辯論能力還是邏輯思維能力，演講水準還是學習語言的能力，我都自愧不如。坦白地說，我在北大國關學院讀本科的四年期間，很多的痛苦和焦慮都源自周圍同學所形成的無形壓力。但也正是這種壓力，激發了我的危機感，使我加倍努力，廣泛閱讀，培育自己的潛能。否則，我也許連畢業都很困難。

根據我的觀察，北大最聰明而優秀的學生是本科生，高考進來的本科生才是眞正的北大才子。從其他大學考進來的碩士生和博士生，論天資遠遠不如從北大保送上去的研究生。至於那些在職的研究生或進修生，水準就更沒可比性了。

但可能因爲北大太牛了，那些在職研究生或官員博士生都很願意張揚自己的北大人身分：「噢，我也是北大的，咱們是校友啊！」我想，北大的師生內心深處也許從來不把這些「北大人」視爲校友。因爲來路不一樣嘛！

北大學子身上所缺乏的不是潛能，而是成爲菁英的第二個必備條件——公共意識。問題出在哪裡呢？出在教育！在中國的大學生，當然也包括北京大學在內，政治課的課時是得到充分保證的，這是所有中國大學的必修課，不修這些課就不能畢業。我屬於國際關係學院，對「國關」的學生來說，毛澤東思想和鄧小平理論是專業必修課。除此之外，還要上馬克思主義政治經濟學、馬克思主義哲學等政治課。這些課程之所以還在設置完全是基於國家政治體制的需求，這些課程在學生中的受歡迎程度非常低，經常是要靠點名來維持上課人數。問題就出在這些課程的授課內容和現實需求之間存在極大的脫節，這就造成了青年學生的疏離。

而現實迫切需要的公共意識的培養，卻沒有相應的課程來擔當。老師也知道學生對政治課沒興趣，來到課堂也只是應付點名，心靈在別處，考試時衝刺一下，考完試就全都還給了老師。政治課上的情景可以拍一部情景喜劇：睡覺，聊天，上網，玩手機，看英文「紅寶書」（GRE）等，不一而足。上課難得認眞的，大多是從農村出來的同學，他們不光老實聽話，而且對什麼都好奇，什麼知識都希望抓住。這麼好的學習時間，就這樣被蹉跎，眞的令人感慨。

和天下所有女孩子一樣，北大女生也迷戀打扮，在生活方式上，逛街、談戀愛一樣都不少。我所觀察到的女生，從大一到大四期間形象的改變是令人吃驚的。相比之下，北大男生並不十分注意外在形象，大大咧咧的才子型男生占絕大多數。他們進入北大後，改變更多的是思想。可惜，沒有人在公共意識上對他們多加提醒。這是北大政治課最失敗的一個地方。它沒能很好承擔自己應該承擔的使命。在北大的氛圍裡，在各種知識交匯的背景下，北大學生很容易接觸到各種中外思潮，那種西方式的，個人主義、自由主義、理性主義等思潮，在北大學生中很有市場。但北大學生的問題是，思想歸思想，行爲歸行爲。知識、專業、能力都沒有問題，觀念也沒有問題，但涉及到可以轉化爲行爲的公共意識，始終是他們綜合素質中的弱項，這影響了北大學子成大器。

根據我的觀察，北大學子的價值觀念有兩個極端（當然也不排除中間地帶，北大也有許許多多「沉默的大多數」），一個是所謂「崇洋媚外」，越瞭解西方的文化、制度、觀念，越喜歡它們，就越排斥本國文化中那種落後的東西，進而徹底排斥本國文化，這批人絕大多數都渴望出國留學，留學不僅是爲了求知，還有一個重要原因，就是盡早離開祖國，去他們所嚮往的自由、民主的「天堂」，比如美國、歐洲，至少也要到澳洲、新加坡，即使是中國的香港，也是一個可能的選項。即使留在國內，他們也更青睞高盛、摩根史坦利、麥肯錫等外資企業。

另一個是「遵從體制」型，這類人越瞭解西方的文化、制度、觀念，就越覺得「中國模式」靠得住，有生命力，尤其當金融危機爆發，放任式的資本主義遭到懷疑之後。這批人希望能緣著國內體制的階梯往上走，其中的一些人畢業後，有留校在共青團等工作崗位上落腳，尋找機會徐圖發展的，有考國家或地方公務員的。需要說明一下，考公務員或保研（免試推薦碩士研究生）的學生裡，有相當多的人是爲了「保身」，即就業形勢不好，未來走向不明朗，所以暫時擱置就業或依靠鐵飯碗把日子過下去，當然這些學生也不排除出國留學的機會，要看他們在國內能不能找到發展機會，他們願意在國內謀求發展希望依託現有體制發展自己，但一旦希望落空，他們一樣會觀念大轉向，轉而向國外尋找發展機會。

北大並無多少真正的菁英，但幾乎每個北大人都自認屬於菁英。那些應試教育的優勝者們進入到北大這樣相對自由的環境後，加上瞭解了西方的東西後，心理所承受的衝擊可想而知，許多人都經歷了一個迷失方向的階段。到了大三，面臨選擇畢業之後的出路，他們加速向現實低頭，當然理想的選擇也有兩條，一是靠體制吃飯，一是出國留學，再圖長遠發展或暫時委身外資企業賺幾個錢。從這個角度看，被認爲個人主義的北大學子實際上是最典型的從衆主義者，他們很害怕與衆不同，擔心只有自己跟不上其他學生的成績、就業、工資、地位等。北大學子們自以爲是的菁英意識不支持他們選擇那種無足輕重的、非常不穩定的、普普通通的單位，他們還是盡可能謀求走高端的、非凡的，無愧於北京大學這一招牌的人生之路。

問題在於，從政的也好，賺錢的也好，絕大多數學生只是從謀生、私利、地位等角度去看待社會和自己。從小被輿論、教師、家長壓抑，一舉一動都被監視的孩子們已經無法或無力眞正開放心態和姿態，深思那種攸關國家與人民的大問題，如政府與市場的關係、社會與制度的關係、世界與中國的關係等深層問題，並沒有多少人有興趣去研究和關心。「爲這個社會，我能做點什麼」；「從我個人的優勢看，從事什麼行業最有利於社會進步」，這種深層而本質性的思考，在今天的北大學子，甚至老師中已很少能看到，即使有，也是鳳毛麟角。我看到的則是師生爲了獲取自己的利益、地位、名聲而不遺餘力，樂此不疲。

一位我非常尊敬的國關學院的老師曾說，他們上學的一九八〇年代，北大眞的是充滿著朝氣，在開放和自由的氛圍中，師生們碰撞思想，指點天下大事，當時著名的「三角地」，成爲當時校園各種思潮的集散地，也是各種創意、思想火花、生活時尚的集散地。大家都有自己的夢想，並爲之奮鬥。我知道，雖然那一年代的青年有些簡單或極端，但他們的心中有燃燒，那燃燒絕不僅僅是爲了個人的一己私利，不僅僅爲了功名利祿、鍋碗瓢盆。至今令人欽佩。相比之下，今天的學生已變得很現實，很實用，很功利，很有城府，沒有思想，沒有理念，只關心個人的利益、個人的出路，才華都耗費在了這些方面，這可能和市場經濟的大背景有關吧，生存變得嚴峻了，但不管怎樣，這不是眞正菁英分子的思維狀態。

二〇〇八年北京奧運前夕，「三角地」被改造，學校給的原因似乎是爲了把它電子化，讓校園設施更加先進，環境更加優美。學校有學校的政治正確，其他人也許改變不了。但令人沉思的是，當對北大來說具有標誌意義、催生過一代代北大人思想的著名場所被改造、拆除的時候，學子們是漠然的，打開北大ＢＢＳ，也有人發出幾聲唉聲歎氣，如此而已！我不是鼓勵誰去做出過激的反應，我只是有感於一種對自己歷史、對思想的冷漠，凸顯出當今北大學子身上一種嚴重的精神缺失！

說了這麼些，有些悲傷、抑鬱了。能全怪學生嗎？不能！今天的學生的各種行爲也都是由多種力量所決定的。他們「被學習」、「被上進」、「被出國」、「被就業」；老師也「被上課」、「被教育」、「被考試」、「被老師」。在國家處於這樣特殊的時期，生存問題是任何人都不能不面對的，任何學生都想找個能說服自己的去處，可是難吶！因爲難，所以大家都提早上心，考證書，做兼職，一切爲了將來發展。熱情、精力甚至體力都已被耗盡，哪裡還有多餘的時間和熱情去過問其他和個人生存無關的事？

北大的精神，已經打上了實用主義的深深的烙印！我相信，絕不僅僅只有一所北大如此。

北大能不能成爲世界一流大學？

我來中國之前有個擔心，現在看來這些擔心很幼稚——中國是不是特別封閉、特別單一化？很少有外國人去那裡，即使去了也會受到限制……這些印象的形成和從小接受的關於「紅色中國」、「共產中國」的宣傳有關。我來華前對中國的核心印象就是封閉、「單一性」，離自由、民主、多樣化、國際化、全球化等十分遙遠。當時，我還擔心到了中國會不會丟掉英文。

到中國之後，我才發現，我當初的印象，有些是正確的，有些是片面的，有些則是完全錯誤的。其中，最大的錯誤判斷就是「中國是單一性，很少有國際化成分的國家」這一點。我來華後不久就發現，中國其實是很具多元性的社會。

這既指每一個地方都有其獨具特色的風俗和文化，有豐富到數不過來的方言，有風味不同各有妙處的美食；思維的結構，行爲的規則，做事的方式等等也都各有不同。北方人與南方人；漢族與少數民族；有錢人和沒錢人；白領和藍領；市民和農民；大學生與農民工；蝸居和蟻族；知識分子和普通百姓；左派和自由派；激進派和漸進派；改革派和保守派；六〇後和八〇後；七〇後和九〇後……中國就像萬花筒般豐富多彩。中國按民族分，是五十六個民族，如果按照以上標準來分，不知要分成多少「族」呢！「族」這個詞這些年在中國也十分流行，「追星族」就是其中一例。不同的「族」的湧現，正是社會多樣化的一個象徵，也是一種活力和生機的體現。

我來華前對中國幾乎什麼都不知道。對於「改革開放」、「走出去，引進來」、「一部分人先富起來」、「農村包圍城市」、「社會主義市場經濟」、「出口導向型經濟增長」、「外匯儲備」等等，我是一無所知，連辭彙都不知道，更何況其意義與內涵。

「國際化」是我在認知上改變對中國實況認識的最重要的一個方面。從國家方略到北京人的包容心態，從企業戰略到大學建設，從知識分子到大學生，「國際化」的影響無處不在。「國際化」無疑是描述當今中國發展趨勢的最重要概念之一。既是表象，又有實質，難能可貴。

北京大學則是中國國際化的一個縮影。且不說師生走出去、引進來的大手筆，也不說其教學內容的設置體現出來的面向世界的特徵，單是世界頂級政治家、各領域的菁英、名流頻繁光顧燕園，就可以強烈地感受到國際化的氣息：柯林頓、席哈克、麥克因、賴斯、普京、李明博、福田康夫等世界級的政治家，還有眾多舉世關注的名流都在北大留下了自己的足跡，他們的到來，並不是一種形式，他們的思想與智慧，都對這所大學的文化積澱貢獻了各自的養分。

對我來說，二〇〇八年北大一百一十周年校慶之際受到胡錦濤主席接見的場面，至今令我難以忘懷。那是一場直接、親切、樸實的接觸與對話。那次接見以後，我當天寫了一篇博文，北大官方網站也轉載了，現在，我就節選一部分在這裡：

今年（二〇〇八年）是我母校北京大學成立一百一十周年，明天五月四日是北大校慶。今天上午，中國國家主席胡錦濤來到北大，看望了北大的老師與學生，祝賀北大一百一十周年校慶。

我前幾天接到北大留學生辦公室的電話，讓我今天一定要把時間空出來。今天早上九點鐘在北大留學生宿舍勺園與老師見面，才知道我的「任務」，原來是作為留學生的代表之一，迎接胡錦濤主席來北大。除了我之外，還有學校領導、國際合作部的老師、另外幾名來自不同國家的外國留學生，還有美國耶魯大學的交換生。中央電視台的記者始終跟我們在一起。

與胡主席見面的地點是北大學生宿舍四十二樓。能有機會見到胡主席，我感到很興奮。最近一段時間以來，跟各級領導、明星、名人接觸很多，但卻第一次有機會見到胡主席。我以平靜而期待的心態等待著見面時間的到來。感謝北大的老師給我這麼寶貴的機會。

等了大約一個小時左右，門口的氣氛變得熱烈起來，胡主席在校領導的陪同下走進房間。和平時在電視上看到的畫面一樣，只不過今天不是看電視，而是身在現場。我既有點緊張，又感到興奮。

我跟胡主席握手大概有十秒鐘，在這樣的場合，是很長的時間了。我自我介紹了一下，胡主席知道我是日本留學生時，十分的親切和藹。胡主席大後天即將訪問日本，我祝願主席訪問取得圓滿成功。雖然我們沒有時間說更多的話，但我能感受得到他對一個日本留學生的關心和期望。

我相信，他對日本的訪問，一定會進一步推動中日關係的發展，促進兩國人民間的相互瞭解。我在內心默默地祝願：「胡主席，您本次對日本的國事訪問，一定會產生不平常的意義，為今後中日關係長期、健康的發展帶來深遠的影響。」

胡主席親切地對我們說：「留學生是各國之間交流的使者，也是文化交流的橋梁。希望你們能夠與中國學生一起勤奮學習、取長補短、共同提高，為世界的和平作出貢獻。我們一定會成功舉辦一屆有特色的奧運會。祝願北大老師與同學們身體健康、生活愉快。」

胡主席的每一句話，我都聽得真真切切，我由衷敬佩他在講話中體現出來的思想內涵，還有這種面對國際學生時語言尺度、語言方式的把握，我仔細琢磨之後，真的感覺達到了爐火純青的地步，實在很精采，對我這個研究國際政治的留學生深有啓發。我不知道，需要多少磨練才能達到這樣的氣度和這樣的境界。

現場更多的情況我就不介紹了，請讀者朋友們見諒。不管怎麼說，毋庸置疑的是，一個外國留學生能夠在留學的地方見到所在國的國家元首，是一件令人驚喜、令人感到榮耀的事情。

這裡我還想補記一件事情，那是二〇〇七年十二月二十八日，福田康夫前首相訪問北大並作演講，我參加了陪同工作。福田首相向在異國他鄉學習、生活的我表示問候，他關切地問我：「在中國怎麼樣？學習習慣嗎？」

因為北大，我見到了胡錦濤和福田康夫——所在國的最高領導人和祖國的政府一把手，夠高端了吧？我要感謝北大給我的機會。正是這些機會，讓我瞭解了什麼是國際化，什麼是國際交流，什麼是國際人才的互動。但願北大的國際化越走越好，國際化之路越來越寬廣。從國際化與國際交流的層次、水準、頻度來看，北大毫無疑問是世界一流的。

我希望大家不要盲目相信那些什麼權威機構公布的世界名牌大學排行榜之類的資料（西方說的憑什麼一定就是權威、準確、客觀的？），雖然哈佛、史丹佛、耶魯、劍橋、牛津、東京、早稻田等在排名和名氣上位於北大之前，但以我的感覺和判斷，北大已經完全可以跟這些世界著名大學平起平坐了，在有些方面甚至超過它們了。這裡稍微解釋一下，位於北大旁邊的清華大學是跟北大齊名的中國最高學府，在國內排名上已經超過北大，這我知道。但我畢竟是北大人，對清華大學瞭解並不深入，因此在這裡就不隨便評說它了，清華大學的校友們不要誤會，我不是盲目推崇北大，也不是要在北大、清華之間分出高下來。北大和清華都是可以代表中華人民共和國，甚至代表亞洲的著名高等學府。北大很厲害吧！好，我的表揚工作做得差不多了。接下來，我想從另一個基準描述一下「北大難以成爲世界一流大學」的理由。

北大有各種各樣的學生。城市的、農村的，富裕的、貧窮的，有背景的、沒背景的……反正什麼學生都有。北大的老師，跟日本的老師也很不一樣。下面，我從兩個方面來說說今天的北大面臨的問題以及陷入的危機。

首先是師生緣崩潰問題。據我觀察，中國高校的老師與學生之間越來越疏遠，既是空間上的也是心理上的，引用中國外交方針裡的一句話，就是彼此之間堅決貫徹互不干涉原則。在課堂上，每一個老師都按照教育部的規定去「考」學生，包括點名、作業、小測驗、期中論文、期末考試等。因爲對於學分和分數抱著極大需求，每個學生也就盡可能應付老師的考驗。問題是，兩者都是「被」動的，被考試、被點名、被學分、被上課、被老師、被學生……課堂之外，老師與學生各忙各的，沒什麼實際的交流。老師忙出差、開會、應酬，學生忙考GRE或TOEFL，忙社團、忙實習，而眞正在學術上的交流已經少而又少了。我明白，對一位學者來說，參加國際會議，或在媒體上發表文章或者出書都很重要。我也明白，對一位學生來說，參加社團和實習豐富簡歷，好好準備GRE考試很迫切。但儘管如此，是不是也不應該忽視課堂內外師生之間的溝通與交流？那個地方，畢竟是個大學，是教書育人的地方。

就我個人經驗而言，最困惑的一點是：學生找不到老師。由於許多老師都忙於出差、開會、應付媒體什麼的，學生不好意思找老師，實在有事要去找老師，心裡也感到有壓力，擔心增加老師麻煩，會不會引起老師反感，惡化師生關係。思來想去，越想越被動越想越消極，最後只好打消念頭。當然，我就讀的國關學院也有很熱情、很負責任的老師。他們跟我們也保持著朋友式的關係，可以發短信，隨時約會交流。我邀請老師參加我國官員主辦的宴會、活動，有些老師也會很給面子。所以，我在這裡說的師生緣崩潰也好，找不到老師也好，都是相對的，並不是人人如此，時時處處如此的，但是，只要存在這種情況，就是會損害學校形象，影響長遠發展的。我想說，有些老師真的不把學生當回事。我覺得，對於大學教師而言，教師的本職工作和個人研究起碼是同樣重要吧，寫論文和教學生同樣有價值吧。我曾經跟一位美國著名大學的教授討論過北大老師的問題。那位教授說：「如果在美國的大學，對於學生發來的E-mail，必須是立刻回覆的，絕對不能耽誤，認眞對待學生的請求比什麼都重要，最好在一個小時內給予回覆，這樣學生才感到放心，有安全感，老師也才算盡到了責任。」我深有感觸，北大有些老師確實不把學生的郵件當回事，懶得回覆。我知道，老師們都很忙，院內、校內、校外都面臨許許多多的任務。

但再忙也不該冷待學生，因爲教師畢竟是你的主業。學生需要的不僅僅是在開學、過年等具有象徵意義的時刻走個形式，關心一下，慰問一下，講講話，拜拜年，這些都是表面功夫，學生更看重的是平時的交流，那種眞誠的、坦率的、輕鬆的、自由的、水乳交融的交流。

其次是大學行政化問題。我要表達的情感與師生緣問題一致，就是請大家不要忘記一個基本事實：大學這個地方，就是個大學，不是企業，也不是政府機關。大學是爲一個民族培育未來的地方。不管是老師、學生還是校領導，本質上都有資格，也有理由在相對自由、民主、開放的學術環境裡求知、做事。課堂民主非常重要，它是激發創造力的重要條件，有是天經地義，沒有則後果不堪設想。但據我考察，今天中國的許多大學離這一「根本」越來越遠，大學與自己的本質也越來越背離。學生去一次教務處辦手續心裡很緊張，還要花很多精力、時間甚至金錢，簡直與在行政機構辦手續一模一樣。圍繞各部門和老師的貪汙腐敗的事情也屢見不鮮，隨處可見，學生和老師之間從前那種單純的關係已經被拍馬屁式的請客送禮所汙染……這還不過是冰山一角，局面已經高度僵化。至於所謂官方網站，只好令人想到行政部門的網站。拜託了，大學的網站不是簡單的宣傳陣地，而應該是思想交流的場所，能不能搞得有趣一點，輕鬆一點，而不要弄成沒有人看的自言自語？

就我的個人體驗而言，有幾個場面我至今印象深刻：

大四的第二個學期，畢業在即，我要到學校教務處辦理申請畢業證書、學習成績單等相關資料的事項。那是件看似簡單卻很費勁的事情，什麼時間去申請合適，交多少錢，申請後多長時間才能拿到……這些細節都沒有任何的通知和布告可以參考。我問了許多老師和同學，結果一無所獲，去了教務處才獲得相關信息。教務處有的工作人員沒有任何的服務意識，不熱情，不嚴謹，不靠譜，辦事效率低到讓人心中著火的地步。此外，教務處和財務處等相關部門之間的協調狀況也相當落後，對同一件事的解釋，每個部門的說法都不一樣，因此大大增加了辦事的難度。事情難道眞的非得弄到這麼複雜嗎？

不知爲什麼，我很害怕每個學期到院系的教務處去詢問相關情況，包括學分的、考試的、報到的、成績的、論文的、畢業的……相信抱著緊張而不安的心情去教務處辦事的人絕不僅僅只有我一個，我經常聽到中國學生和留學生在抱怨，說明這不是個別現象，而是普遍而嚴重的問題。門難進，臉難看，話難聽，事難辦，在大學的行政部門處處存在，和報紙上批評政府機關的情況如出一轍，不過聽說，經過了改進，在機關裡，情況已得到了改觀，那麼大學呢？難道眞的是改革觸及不到的死角？

下面是我最大的抱怨。在北京奧運會之前，北大幾個留學生骨幹聚在一起討論過，「爲了辦好奧運會，對乒乓球館以及馬拉松路線附近，進行一些管制，是可以的，甚至應該的，但是，行政部門爲什麼沒有提前與校內的學生商量一下，事先打個招呼？管制措施對北大學生的正常生活、學習來說，無疑造成了一些影響，引起了一些抱怨，如果先打個招呼，決策細膩一些，會不會少一些抱怨呢？」

我知道，在奧運期間行政部門爲什麼不採取這樣的措施，那是因爲一旦採取這樣一個比較民主的措施要走許多過程，增加許多工作環節，會增加決策的時間成本和其他成本，進展就會變得較爲緩慢，而且商量不商量，結果都是一樣的，那是國家的正當要求，既然如此，時間又很緊張，就直接實施管制，這樣做是最有效率的。我們首先要理解領導們的壓力和無奈。他們也沒辦法，只好這樣做，因爲這是國家利益的需要。即便如此，我們也有權提出應有的、合理的質疑，因爲一個決策，雖然結果有合理性，但過程、程序不合理，這也是有悖民主精神的。中國不是也在宣導社會主義民主建設嗎？決策過程的民主化並不是洪水猛獸，雖然表面看起來，民主決策的成本很高，但從整個社會的長遠和綜合效益來說，民主決策是成本最小的，風險最小的。因此，無論從什麼角度來說，我都不能認同這種決策模式、做事方式，這難道不是渴望進步的北大人應有的態度嗎？依正常的思路，行政部門可以提前把這一管制措施通知給老師和學生，至少讓他們有心理準備，同時讓他們有時間和機會對此措施提出問題和疑問，釋放一下對管制措施的某些情緒。無論如何，管理者與被管理者之間架起一座溝通的橋梁，一定不是件壞事。這個徵詢意見或提前打個招呼的做法，雖然是一個過程甚至是形式，但有沒有大不一樣，做比不做好。雖然結果不可能改變，但有了過程的合理，結果的合理性、合法性就大大增加了，何樂而不爲呢？

還有，作爲奧運的安全措施之一，學校規定進北大必須憑學生證。奧運都過了一年半了，這個措施還沒廢除。那不是臨時措施嗎？爲什麼「臨時」了這麼長時間？當時和現在，學校方面對學生沒有任何交代。奧運早就過去了，至今憑什麼還繼續採用奧運期間的「超規」措施呢？究竟是決策的人忘了這回事，還是學校有關領導人和部門的「傲慢」

呢？

北大是國立大學，可以稱之爲公共財富。它應該是具有開放性的，既然這樣，外面的人爲什麼不能自由出入呢？世界上那些一流大學，有幾所是這樣門崗森嚴的？這種現象下面，其實包含了管理者將大學私有化的祕而不宣的心理。

我認爲，如果北大不解決目前大學行政化和大學私有化的問題，還有師生關係變異這一最爲核心、最爲根本的軟體問題，恐怕會阻礙自己躋身世界一流大學的腳步。

至此，我想再次申明一次，以上意見，純是一個北大人對自己的大學的愛之深、責之切的言論，作爲一個熱愛北大並以它爲榮的學子，我由衷希望北大越來越好，眞正做到可持續發展，以無愧於中國一流大學的美譽，並盡早眞正成爲世界性的一流大學，在世界範圍內受到由衷的尊重。

我的人生規劃

我不信教，但信命運。我相信，我這一生中該做什麼，這一命題早就被老天定下來了，即天命。我第一次覺悟到自己的天命是五歲的時候。那段時間我的生活特徵有三：一，遭到大交通事故之後，恢復正常生活，開始思考與年齡不相稱的較深的哲學問題——人爲什麼活著？二，作爲剛剛培養的愛好，每天看世界地圖，初步想像國際關係和民族問題，基本背下了世界各國首都的名字，大致知道了它們的位置關係。我後來攻讀國際關係學院，許多記者曾經問過我爲什麼會有這個選擇，對我來說，這根本不是個問題，一切彷彿都是命中注定的；三，逐步懷疑在我身邊發生的事情，即學會懷疑主義和批判主義。比如，看到周圍人們相互客氣，委婉地交流，似乎等於什麼都沒談成，對此提出懷疑：爲什麼？看到孩子盲目服從大人所灌輸的生活方式，對此提出批評：應不應該？看到老一輩不接受與衆不同的觀念和做法，過於警惕外來文化和外國產品，對此提出懷疑：憑什麼？或許（只能說「或許」，沒有「一定」），這三點讓加藤幼年突然迎來一個命運：我必須要從與大家不一樣的立場和角度看待問題、觀察社會，然後加以引導和影響，建立新的秩序。這是當時突然而來的覺悟，迄今爲止，我的這一「意識形態」始終沒變，相信以後也不會大變，否則就不能叫做命中注定。後來，我在上小學的時候學會了一個詞叫「政治」。這個詞語似乎是跟我五歲時的覺悟有些相關，只是不確定。到了初中、高中階段，我已經確信了，我要做的確實和政治有關。高中畢業，我到中國留學，又學會了在中國很流行，也與祖國的現實有聯繫的一個辭彙叫「從政」。我也順便瞭解了政治家和政客的區別，前者對公益遵命，後者對私益遵命。

是的，我的命運是從政，我告誡自己，必須愼重當政治家，而不輕易當政客。我沒有顯赫的家世，沒有「太子黨」們的幸運，我是農村出身，家裡沒有任何背景，也跟有背景的家族沒有任何關聯。我是徹底的草根出身，從底層一路走來的普通老百姓。我知道，我這樣的人要從政，是困難重重的。從政不易，這條路並不平坦，不是想從政就能從政，想從政就能走好的，它需要做好物質上、精神上、知識上、思想上、人脈上、國內、國際、大衆、菁英等各個方面的準備。

我十六歲的時候迎來了第二次覺悟。我從小嘗試過很多事情，在體育項目上，練過游泳、足球、柔道、棒球、田徑（中距離和長距離），在學校正常學習，成績也不差，只是認眞從事體育項目之後顧不上學校的學習，成績一度受到影響而已，後來還是補回來了。不過，我那個時候很深刻地意識到，或認知到：我這個人，光靠一個項目、科目是無法獲得第一名的高度和唯一性的深度的。這一覺悟讓我痛苦了一段時間，之後，我終於清醒了，既然光靠一個不行，就靠幾個唄。我確實能適應多個項目，那就好好培養多方面的能力，依靠綜合能力提高自己的實力，走進社會。這樣怎麼樣，可行嗎？

後來，我一向信任十六歲時的人生覺悟，並把它落實到具體行動上。到北京之後，我確實做了許多事情。在二〇〇八年三月三日，我在鳳凰網開設的博客第一篇，做自我介紹用的標題就是「Who's加藤嘉一？」後來，「百度百科」也引用了這個介紹（不是我編輯的）。

加藤嘉一的十種面孔

一、加藤嘉一的英文名是Kato Yoshikazu，一九八四年出生，日本伊豆人。

二、加藤嘉一是北京大學的學生。作爲日本公派留學生在國際關係學院就讀本科，將繼續讀碩士研究生。獲二〇〇六年留學生學習優秀獎本科生獎。曾經擔任過北京大學日本人協會會長，現任顧問。

三、加藤嘉一在二〇〇三年「非典」高峰時來到中國。當著陸到北京機場時，處於一句中文都不會，一個中國朋友都沒有，一分人民幣都沒有的「三無」狀態。從「零」開始在北京生活。

四、加藤嘉一是製作人、策畫人、主持人。他曾經參加過七十多個國際、中日文化交流活動、學術研討會等，如東京大學—北京大學「京論壇」、中國人民網—日本一橋大學「中日產學論壇」、人民網「強國論壇」、日本國際交流基金「留華網」、東京女孩展演（Tokyo Girls Collection）等。

五、加藤嘉一是媒體評論員、專欄作者。他曾經參加過一百多個中外媒體活動，接受過三百次以上的採訪，如鳳凰衛視《全球連線》、《華聞大直播》、《文道非常道》，CCTV9《DIALOUGE》，CCTV新聞頻道《新聞調查》、《實話實說》，CCTV2《對話》，CCTV4《同樂五洲》，北京電視台《國際雙行線》，日本NHK、北京衛視共同製作加藤的紀錄片《紀實天下》，中國國際廣播電台《CRI會客廳》、《People in the Know》，搜狐直播室，博客中國訪談，千龍網《網上大講堂》；《瞭望東方周刊》「東遊記」，《南方週末》，《南都週刊》，《法制晚報》「老外說事」，《環球時報》，奧運盛典，中日傳播網，英國《金融時報》，日本媒體NHK，週刊《東洋經濟》，《朝日新聞》「AERA」、「論座」，共同網「My Opinion」等。他是中日關係、中日交流的熱心觀察家和參與者。

六、加藤嘉一是圖書作者。他曾經出版過《七日談——來自民間的中日對話錄》（合著，新華出版社，二〇〇七年八月）；《產學聯合之路——中日產學論壇》（編委，論文作者，海洋出版社，二〇〇六年九月）；《紅樓飛雪——海外校友情憶北大一九四七—二〇〇八》（作者，北京大學出版社，二〇〇八年四月）。

七、加藤嘉一是同聲傳譯者。他能流利使用日文、中文、英文三種語言，曾經在學術研討會、國際論壇、商談、文化娛樂活動等多種平台擔任過同傳或交傳的角色，達一百多次，比如北京—東京論壇。

八、加藤嘉一是中國人民大學附屬中學的日語教師。

九、加藤嘉一在日本初中、高中時從事專業長跑運動，參加過全國大賽。

十、加藤嘉一是談判者。他曾經在政治、經濟、商業、文化、藝術、學術、娛樂、體育等各種國際場合扮演談判者的角色，發揮語言、協調、溝通之優勢，使得利益相關者的利益、願望實現最大化。至今談判次數超過二百場。

這是兩年多之前的狀態，現在有所變動，其中有進步，也有退步。二〇〇九年，我一共接受了三百一十八次採訪，尤其在人物專訪時，大部分記者都要問我：「加藤，你怎麼會做這麼多事情？」每當遇到這一問題，我一般這樣回答：「因爲，光靠一個事情，一個領域，一個層面，我是無法做到第一（No. 1）或唯一（Only 1）的。所以，靠多個事情，多個領域，多個層面，這樣我做到第一或唯一的可能性更大些。」

我認爲，「深入多方面，熟悉多方面」是從政的基本條件。這樣做無疑令人疲憊，還很有可能讓人陷入短命，但從政歸根結柢是統治大衆的藝術。大衆是什麼？大衆是五花八門，五方雜處，百花齊放。什麼人都有，官僚、商人、學者、記者、作家、藝人、黑道，老人、中年人、年輕人，男人、女人，同性戀、變態、瘋子……反正，一個社會是由多個不同的角色組成的。政治家是要面對所有這些角色的，不管你喜歡跟哪一群人打交道，你都必須要面對所有人。那麼，前提是，即使你有偏愛或專長，你也要盡可能熟悉所有領域的規則和人情。這是政治家應該具備的基本素質。因此，我從小嘗試那麼多事情，涉足那麼多領域，這一切都與我對未來的規劃和自己的人生目標息息相關，密不可分。

四十不惑。我從政，當政治家，大概是過了四十歲後的事吧。之前，我寧願扮演流浪者的角色。這有幾個原因：一，我是沒有政治背景的人，不能像有些人那樣從小受政治薰陶，不管你的意願如何，都在家庭的安排下，自然而然走進政壇，不像自民黨下台之前占議員總數三分之一的太子黨那樣，我需要靠著實力和運氣一步一步向前走，需要穩紮穩打，步步為營，不能急功近利，否則，欲速則不達。二，造成近年日本政局不穩定的重大原因之一，無非就是醜聞太多。不正當的權力鬥爭，缺乏能夠讓選民接受的健康政策競爭等，使日本政界顯得很亂，不好靠近，若在年輕的時候，在準備不足的情況下輕易接受某一特定派閥的邀請從政，就必然會被那種愚蠢的、幼稚的、無奈的權力鬥爭捲進去，結局是可想而知的；三，我對從政這一工作的信念堅定不移。從政對我意味著什麼？意味著「結果」，換句話說，是「集大成」，而不是「過程」。政治既是我從小夢想的舞台，也是我這一生要去完成的事業。

曾遭到過車禍的我對生與死的認識是冷靜的、理性的，我不指望自己非要長壽不可。

只要過得充實而滿意，開心而不後悔即可。假如我在四十二歲從政，且認準了自己的目標了，那麼需要非常認眞地做好這份事業。我今年二十六歲，距上面假設從政的年齡還有十六年，這段時間叫做過程。這個過程怎麼走是個關鍵，日本人相信充分的準備高於一切，我走進政壇之後的成果如何，完全取決於我在這個準備過程中的積累如何。因此，這個過程很重要。

我十八歲選擇來中國是正確的決定，不早，也不晚。今天日本的年輕人都很內向，不願意往外看，缺乏國際視野，充滿封建主義。很多有識之士已看到這個問題，比如，在中國也很著名的企業家、戰略家、教育家大前研一先生等人士也時常鼓勵年輕人走出國門，多接觸海外的東西，才能反思自己的祖國的再生需要什麼。

在許多日本人的心目中，中國是「外國」，但又和一般的「外國」不盡相同，這和中日之間漫長而複雜的交往關係有關。古代時期，日本朝貢給中國，中國冊封給日本。當年的天皇派遣唐使到唐朝，學習城市規劃、先進文化、制度建設等等。今天京都的城市面貌有當年長安的影子。我們日本的年輕人在小學、初中、高中歷史、語文、道德課程裡面，接觸中國史、中國思想、中國人物最多。雖然近年以來日本人的反華情緒或對華警惕感、不信任感有所升溫，但請中國朋友們相信，日本人一向對中華文明有崇拜之心，只是出於面子，不好意思直接表達而已，這裡面有一種逆反的心理，跟我非常尊重與敬佩的韓寒當初的某些做法一樣，叛逆而已。

從經貿往來、地區合作、政治發展、軍事安全、文化交流等任何角度看，中國和日本之間都存在著史無前例的互補性。合則兩利，鬥則雙輸。對正在相對衰落的日本國民來說，接受中國崛起的現實需要一點時間，但我們總有一天會調適好民族心理，正面接受中國崛起，利用中國崛起，影響中國崛起。我來中國留學，以往年的日本主流意識形態，一定被看成「親華派」或「知華派」，這本身是個榮譽，但我不會接受這一稱呼。在今天的日本，「親華」或「知華」絕不是完美無缺的褒義詞，有了這個頭銜是不好在國內混下去的，如果被貼上對中國有特殊情結的標籤，則會被認爲無法從容而理性地站在日本國家利益的角度展開政策。我不知道，中國的「親日派」或「知日派」在國內的境況如何。在瞭解了中國之後，我希望做一個「國際派」，即不是只有在一個大國學習和生活的背景，而是有在多個大國學習和生活的背景。那麼，除了中國之外，另外的大國在哪裡？答案不難找到，那就是：美國。我早晚會去美國的，這是我必須完成的功課。今天的日本國在國家安全上依靠美國，在經濟貿易上依靠中國，這兩個大國對日本維持生計、生存起到決定性的作用。從我未來在日本從政（當然我也不排斥在國際政治上發展，但合理的位置何在，還在探索中）的角度看，光有中國背景的我絕不會輕易地被選民接受。但既有中國背景，又有美國背景呢？日本是個島國，島國的國民本身有島國根性，這是一種排外主義，因此，對於「國際派」本身也抱著一種叛逆意識。從迎合選民的角度看，或許不出國最好，在國內好好扎根，培植人脈。然而，我還是不能不當「國際派」，因爲它是日本實現國家利益的客觀需要，爲了國家的未來，我要冒這個風險，值得冒這個風險。

我的強項，也是決定日本再生的兩個根本要素是外交和教育。自從泡沫經濟崩潰，陷入「失去十年」以來，日本國內在熱烈討論「第三次改革」或「第三次開國」。日本人總是被動的，被改革，被開國，或許立足於島國根性，沒有好好把世界上最成熟的危機意識變成危機管理。豐田「召回門」事件是個明證。

全球化和中國崛起無疑是促使日本此輪改革和「開國」的外力。如何與中國和美國打交道，如何在國際社會上找到你的位置和靈魂？我說的外交不是外交部門之間的簡單外交，更多指的是民間外交，包括經濟外交、文化外交、青年外交。如何讓我們的企業走出去，讓他們的企業走進來；如何讓我們的文化走出去，讓他們的文化走進來；如何讓我們的青年走出去，把他們的青年請進來……這叫做二十一世紀的民間外交。

以人爲本，靠人發展。任何時代都是如此。沒有絕對的法治，只有相對的人治。在老齡化社會不斷加劇的困境下，如何培養更加優秀的國內青年才俊，如何吸引更多優秀的國外青年才俊，如何讓兩者良性競爭，以便提高我國企業的競爭力、我國社會的現代性、我國國力的爆發力，最終還是取決於人。完善教育環境、制訂移民政策、刺激人才市場……我會抱著這些問題意識，仔細觀察中國、美國等國家如何處理這些議題，以他們爲師，深入思考下去。

對我來說，如何回國恐怕是重中之重。我再過幾年應該去美國發展，當然跟中國社會、市場、人才的合作一定會繼續下去，相信加入了美國經歷的加藤嘉一會變成中國更加需要的人才。完成美國的經歷，應該就是回國了。問題是，什麼時機回國，以什麼身分回國，以什麼狀態回國。這個還要看未來自己的發展狀況，取決於到時候自己的自信心如何，自己的人際網路如何，自己的政治敏感度有多強。不用著急，得出答案是簡單的，不輕易得出答案才是合理的戰術。

確定方向，靈活前進，順其自然。有兩個因素有可能阻礙我的人生規劃。一，健康問題。我每天過得很疲倦，一年接受三百次以上採訪，要看三百本書，每天都要跑步十五公里，每個月要寫二十五篇專欄，同時寫幾本書，還有上學、教課、做科研專案、調研、主持、同傳……做這麼多事情，能不損害健康嗎？我要非常慎重地照顧好自己。身體是資本，沒有了健康的身體，什麼都做不了。二，政治問題，關於這點，中國讀者很熟悉，就是政治上犯錯誤，政治上犯錯誤不僅在中國是發展的障礙，在日本，同樣是一個致命的問題，這裡就不展開來說了。

PART 2

發現中國 發現日本

中國青年在「折騰」

二〇一〇年二月二十六日，從日本回到北京，下了飛機，趕到位於中國人民大學旁邊的鳳凰會館，第一次參加了鳳凰衛視中文台《鏘鏘三人行》節目的錄製。這個節目在華人中是廣受矚目的，主持人就是大名鼎鼎的竇文濤。文濤老師給我的第一印象有些出乎我的意料。我原來只是在電視上看過他，在我印象中，文濤老師是幽默、開朗、外向的人。但親密接觸時卻發現，其實電視之外的老竇還滿低調的，語言也好，動作也好，都沒有在電視上那麼誇張、那麼揮灑。那天要錄兩期節目，其中一期的題目是當天媒體曝出的「駐京辦撤銷」問題，另外一期的題目還沒有確定。加藤畢竟是第一次參加這個節目的錄製，需要跟文濤老師，還有另一位嘉賓許子東老師磨合。所謂的磨合，就是幾個人在不大的休息室裡站著，安靜地、慢慢地聊天。包括導演在內，大家都很尊重我的特殊身分，也很照顧我的適應過程。就在這個磨合的過程中，大家自然就把切入點設定在與日本有關，找到了中國與日本之間可以比較的話題。於是，另一個沒有確定的話題就浮現出來了：我提出談談「蝸居」，這個話題很有意思，日本沒有「蝸居」的問題。

三月五日，談蝸居的那期《鏘鏘三人行》播出了，鳳凰網在首頁顯著位置推出醒目的標題——「加藤嘉一：年輕人買房等於謀殺未來」。後來聽朋友們說，這句話在網上引起熱議，那期節目的視頻在網上也傳得很火。當然，這也只是「據說」，究竟火到什麼樣，我也不十分瞭解，我自己是從來不看自己參加的任何電視節目的。

蝸居也好，蟻族也好，八〇後也好，這些都深刻反映出中國青年在「折騰」。年輕人嘛，應該好好折騰，我在《鏘鏘三人行》裡也說到，「年輕人本來就是蝸牛，要一步一步往上爬」，那天聊得很投機、很隨意，也很開心。文濤老師做《鏘鏘三人行》做了十幾年，一直沒有休息，已經樹立了名符其實的品牌形象，這節目也成為鳳凰衛視中文台的王牌節目。能參與這個節目，是我的榮幸。在這裡，我向竇文濤表示崇高的敬意，但願咱們未來的合作能夠越來越好。

「中國青年」是我在中國所有問題和領域中最關心的話題。我作為一個日本八〇後，最容易接觸、觀察的也是八〇後。我平常喜歡組織八〇後之間的交流活動，通過具體的活動、合作、論壇等方式去動態地瞭解中國年輕人的活力，以及他們遇到的困難和問題。

二〇〇六年九月至十月，中國最好的大學之一北京大學的學生與日本最好的大學之一東京大學的學生共同主辦了自發性的互訪活動——「京論壇」。這個互訪為期三周，先在北京辦一周，隔一周再到東京辦一周，論壇的議題由兩校的同學共同設計。

我作為本論壇的創始人之一，在其中擔任協調人。這三周，再加上前期籌備、後期善後的工作，總共一年左右的時間裡，參與這次活動的約五十個中日學生產生了很深的感觸。這個論壇在媒體回響很大，也引起了兩國社會的關注。

論壇結束的那一天，東京大學的一位成員對我說：「沒想到中國學生的觀點那麼多元化，原來以爲他們想法都是單一的。我感到很新鮮。同時我發現，我們日本學生的信息來源和觀點反而很狹隘，也許我們一向只是順從於形式上的民主罷了。」

「你的說法很有道理。其實，中國青年人，尤其是北大學生的看法和觀念是值得我們關注和借鑑的，不能用老眼光來看待他們。」

我有一個觀察。近年來，許多北大學生畢業後的設計似乎是先進外國的投資銀行或者諮詢公司，幹幾年後出國讀MBA，留學回來再換單位或者自己創業。他們都對未來有很大抱負，眼光多放在歐美大學或者大企業。這也許是北大「菁英」的必勝模式，我能理解。

問題在於這種模式的普遍性。北大舉行的著名外企招聘會總是人滿爲患，圖書館裡總是坐滿了精讀GRE單詞本的人，但我想問，他們有沒有獨立思考過自己的未來？有一位東京大學學生問過我：「他們確實很聰明，但是否缺乏獨立的思考能力？」

日本人的團隊精神很有名，看看日本足球隊的戰術就明白。不過，這有利也有弊。弊主要是指個性問題，不少人說，日本人因爲過度注重團隊成果而缺乏個性（雖然我認爲日本人只是沒有把個性體現出來）。相比之下，中國年輕人顯得很有個性。在北大餐廳開會時，大家都會大膽說出自己的看法，但最終往往達不到開會預期的效果。爲什麼？從整個的社會效果看，個性與共性是該並存的，個性（個人的設計和主張）只有被共性（與集體的契合度和對社會的責任感）支撐時才能有效地體現出來。而如果個性陷入個人主義或者功利主義時，這樣的個性恐怕就不那麼值得讚揚了。坦率地說，我來中國讀書的最大收穫就是有機會接觸到非常優秀的青年人。中國未來發展的最大潛力不是資源也不是市場而是人才。同時我也肯定地說，中國當下的青年人正處於迷茫狀態，他們是受多種文化與國家轉型衝擊的轉折一代。要準確地評價他們，至少要等到五十年後。

我一直不能忘記一位「京論壇」顧問的話：「青年人要有獨立的思考與社會責任感，這樣才能推動整個社會的健康發展。」我覺得，中國和日本的年輕人都應當記住這句話。

我在日本生長，一直到十八歲，受的都是日本的教育。我一邊做運動員，一邊學習，所以只好經常缺課，對於當時的我來說，跑步似乎比學習重要，至於原因，我也搞不清，沒法科學解釋。不過，我完整地經歷過日本的高中教育，對日本的義務教育是有全程體驗的。

我十八歲那年來到北京，十九歲開始在中國人民大學附屬中學教書。我在北京最感到快樂的就是跟自己的學生在一起的時光。他們很活潑、很聰明，簡直與我的中學時代沒有可比性。中國的孩子如何地聰明，如何地刻苦，又如何地痛苦，如何地無奈……是我來這邊後才感受到的。看到自己的學生，我對自己的中學時代有所反省：爲什麼沒能更認眞地看書，積累知識？

我在北大讀的是國際關係。我從小感興趣的是日本與國際社會的聯繫，我五歲時差不多把全世界的首都名背下來了，當時我每天跑步，每天還做的一件事就是看地圖。我在華留學期間，二〇〇四年到二〇〇八年，是中日關係波動比較大的時期，這樣那樣的爭執，經常促使我思考歷史問題。中日到底怎麼超越歷史，正視今天，追求未來，這也是我思考中日關係的出發點。

有了日本中學讀書和中國中學教書的經歷，此時此刻，讓我反思的一件事就是跟當代人的歷史認識有關——中學生如何面對歷史。如果對於中日歷史認識問題有所認識、有所思考的我有一點資格向兩國的中學生提出一點忠告的話，我特別想告訴大家：你們不僅要學習歷史，還要思考歷史。

從兩國中學生接觸與中日有關的歷史來看，日本的中學生從中國古代史開始學習，原因可能是在古代中日交往是最爲輝煌的。日本的歷史課分成日本史和世界史，世界史裡面中國史占的部分最大。日本的中學生從古代、中世紀，一直到近現代、當代，應該說比較全面、系統地學習中國歷史，我也不覺得內容很稀少。不過，有一個問題是，老師基本上從古代開始按時間教，到了近現代的部分，基本上就沒時間了，要應付高考，時間就讓給學生們復習了。日本的中考、高考的題目，據我所知也是以古代史、中世紀史爲主，近現代史、冷戰史的比例並不大。這一教學習慣和考試制度造成的結果就是日本的中學生對於中國古代史比較熟悉，不太熟悉近現代史，更不熟悉戰後中日關係的發展軌跡。

我們看看中國中學生是如何學習歷史的。中國的學生也與日本的學生一樣，學習本國的歷史和世界的歷史，我的印象是，中國學生尤其是針對近現代史，把本國歷史與世界歷史緊密結合在一起進行相當系統的學習。在這裡不得不指出的是學生們接受的歷史教育，其政治性很濃。其實，這也很正常，中國在近現代以後確實被西方列強瓜分和欺壓，陷入半殖民地狀態，通過艱苦的抗日戰爭，實現了國家獨立。任何國家都對自己的歷史以及對這個歷史的解釋有自己的立場和主張，這不是「好」還是「壞」的問題。顯而易見，中國的中學生接觸近現代史，尤其是抗日戰爭時期的歷史內容比較多，這一情況由教學習慣、規定、師生的意識、社會的氛圍以及政治體制所支撐，因此，它是不可動搖的。

中學生們對當年發生的中日之間的戰爭歷史普遍很清楚。

中日中學生對戰爭的歷史接觸的廣度、深度、程度不同，所以產生了意識上、認識上、態度上的不同。他們在很大程度上也受國家、社會、家庭的影響。這一情況也不容易改變，因爲它是與政府的態度、國民的心態、國家的體制等因素有密不可分的聯繫。我們不能輕易指望兩國的歷史教學在短期內發生重大變化。但同時我們不應該輕易放棄努力，而應當採取措施，盡量彌補兩國中學生接觸與兩國交往中作爲障礙的歷史的鴻溝。

在這個意義上，我建議中日中學生除了學習歷史外，還要好好思考一下本國和對方國家的歷史，最好從世界史的角度去觀察一下中日交往史，最終反思一下本國的歷史。回到歷史的語境中，瞭解日本當時採取擴張姿態的深層原因，瞭解建立「大東亞共榮圈」的歷史背景，分析日本對中國發動戰爭的政治、經濟等方面的原因，還可以瞭解日本的社會力量爲何沒能阻止軍國主義分子發動侵華戰爭。値得關注的問題還有很多：戰後的日本是如何復甦的；美國爲什麼保留了日本的天皇制；日本戰後復興的動力是什麼；中華文明在歷史上曾經規模很大，最輝煌的文明之一的中國當年爲什麼會被西方瓜分，被日本侵略；中國爲什麼能取得抗日戰爭的勝利；抗日戰爭的勝利與中華人民共和國的成立有什麼內在的聯繫；新中國建立後爲什麼會發生文化大革命；當時的領導人的成就和錯誤是什麼；中日是如何建交的；中日建交爲兩國社會發展帶來了什麼；冷戰結束後，中日兩國的關係似乎顯得越來越缺乏穩定的基石，爲什麼；中日之間爲什麼存在歷史認識問題；中日之間爲什麼經常會發生排他性的民族主義事態，又不好控制；今後，中日應該如何建立相互理解、相互信任的關係呢？……

學習是爲了更好地思考，更是爲了在未來的時間裡作爲社會的成員主動去解決問題。中學時期很寶貴，除了應付考試之外，一定要抽出時間進行思考。能夠尊重別人的看法，又能夠用自己的頭腦積極思考問題的人，才能形成眞知灼見，也才能成爲眞正的人才。但願中日兩國的中學生能不斷對所積累的知識多提出幾個「爲什麼」，並在接下來的時間裡，通過思考，把知識轉化成智慧。

如前所述，我從二〇〇四年開始在人大附中教日語。有一天傍晚放學，高中樓一層大廳，我跟另外一位年輕中國籍教師邊走邊聊。同學們穿著校服，背著書包，有的大聲聊天，有的吃零食，有的親親密密，紛紛離開校園。我感覺很孤單、很失落，幾乎沒有一個學生理我們。

我問旁邊的老師：「他們怎麼回事，面對老師，連『再見』都不說？」老師回答：「現在的孩子都是這樣的，忙他們自己的。」忽然，有個女生邊跑邊向我們擺擺手，快速說了聲：「拜拜！」打招呼的學生只有這一個，用的是英語。

老師說：「那是馬來西亞的留學生。」

應該說，這些學生嚴重缺乏禮儀意識——不懂禮儀，或者雖懂得卻不去做。我心中不免想，如果我在日本這樣，一次會被警告，兩次以上會被認爲「素行不良」並影響成績評估。多次不改，家長就要被叫到學校，跟班主任、孩子一起「三方面談」。依然不改，就有可能被開除了。在日本，學生至少要對老師說「再見」，基本規則是伴著鞠躬，鞠躬最好的姿勢爲四十五度。我當時是體特生，這方面被要求得很嚴，不僅對老師，對學長、學姐也要那樣，一次都不能含糊。學弟、學妹對我也是這樣。

日本的小學生從一年級開始必須上道德課。記得我那時是每週六上午上兩小時。教學方式有兩種，一種是老師講道德、禮儀、做人的道理，把道德對做人如何重要灌輸給小孩子。課本素材幾乎都是中國古代的諸子百家思想，以孔子、孟子、老子、韓非子、孫子等的著作爲藍本，仁、義、禮、忠、孝的故事等都有。第一節課講的往往是「己所不欲，勿施於人」。老師會問：「如果你的朋友偷了你的書包，大家欺負你，你會高興嗎？」學生們會一起大聲喊：「不高興！」老師接著講：「那你也不要對朋友那樣，明白了嗎？」大家回答：「明白了！」我們讀中學時，主要在語文（古文、漢文）課上接觸諸子百家，這些內容占到高考語文考試分數的四分之一（五十分）。如果說日本人對中國古代史和古代思想有著比較多的瞭解，那麼起點就在這裡。

日本小學教育的另一個特色就是實踐，學校會安排學生到養老院、殘疾者學校等地接觸並照顧弱勢群體，在這個過程中學會與人溝通和相處。比如，週末早上，一個班（三十人左右）分兩個組，一組去養老院，大概三個人編成一個小組，陪一個高齡者散步、聊天、打牌，爲他們讀書；另一組去殘疾者學校，和殘疾者一起吃飯，共同度過半天時光，去之前先學習手語，以便跟殘疾者溝通。

據我瞭解，中國的中小學老師似乎不怎麼重視道德教學的意義，學校開設類似的課程也比較遲。學校的課程設置及重視程度，確實影響著年輕人禮儀和道德的養成。

不過，這不是問題的全部。學校教育畢竟有著很大的局限性，尤其是高中，主要還是注重孩子們如何提高競爭力，主要目的還是爲了升學。

教育必須由分工完成。學校教育如前所述，它和包括媒體報導、政府宣傳在內的社會教育，主要是使孩子學會做事。而培養孩子如何做人，家庭負有不可推卸的責任。

我經常看到中國家長對孩子過於寬鬆和溺愛。比如，小孩在地鐵裡吃味道很濃的漢堡、大聲說話、站在椅子上跳舞等——這些行爲，從社會文明的角度來講，是絕不應該發生的——但家長卻一點都不在乎，認爲這一切很正常，甚至還會抱著欣賞的態度。小孩子不懂事可以理解，但家長負有管理和教育之責。

在日本，發生類似的事，家長會趁機在公衆場合好好教訓孩子一頓，讓孩子明白什麼是對、什麼是錯。這類事若發生在我家，父母當場就會打我屁股，讓我在家門外站著反省，還可能被「斷食」一天。

連基本是非對錯都分不清的孩子，其未來是相當令人擔憂的。家長們除了關注孩子的學習成績，也應該多花點時間和精力，教育孩子學會如何做人。因爲高考有可能決定一個中國人的職業，而會不會做人則可能影響一個人的人生。孩子是看著父母的背影長大的。家長自己先做好，並且言傳身教，這永遠是個前提。

二〇〇九年五月三十一日上午，我作爲特約評論員參加了由黑龍江衛視和語文出版社聯合推出的大型教育話題討論節目《問教》，主持人是教育部前新聞發言人王旭明。

討論的話題相當有趣，即「奧數」——奧林匹克數學教育——該不該被取消。曾發出「奧數太毒，毒過了黃賭毒」之觀點的北京理工大學楊東平教授說，他只是寫了一篇博文，沒想到引起了軒然大波，「我原來以爲不會有很多人關注這篇文章」。

他的觀點是：「奧數試題被很多數學家稱爲數學雜技，它是遠遠超過少年兒童智力水準的，拿一種特定的技巧性非常高的題，或者我們通常所說的偏題、怪題、難題，對於培養一個人的數學思維並沒有實際好處。」

新浪網也做了一次調查，受訪者覺得奧數比黃賭毒還厲害，主張堅決取消的占百分之六十七以上；認爲需要改革，但並沒有形容的這麼可怕的約占百分之二十二；堅決反對取消的占百分之八點八，還有一些人認爲「不好說」。

在當天的現場觀衆中，多數家長表示：「我們也是無奈地讓孩子上奧數班的。」家長們感到無奈的理由，幾乎都是「被迫從衆」——如數學老師推薦孩子上輔導班，其他孩子上了，爲了不讓自己孩子落後，只能也去報名。

果然還是與升學有關，一個孩子如果在奧數上取得好成績，就有可能被保送到名牌大學。

當天的節目中邀請了去年國際數學奧林匹克比賽冠軍張瑞祥。小張獲得金牌後，由人大附中被直接保送到北大數學系。但據他自己說，他選擇奧數的原因與大部分家長、孩子截然不同。

他說：「因爲我當時就是很喜歡數學，它蘊含著很奇妙的數學思想。數學競賽最明顯的特點，就是用你已學過的盡可能少的知識來解決最複雜的問題，所以這個競賽最大的作用就是培養你的思維能力。」小張說，他對數學的興趣「與升學無關」，且希望將來成爲眞正的數學家。

這才是奧數存在的意義所在吧！

我自己在日本上初中的時候也學過奧數。可是，我的數學水準在班裡沒那麼突出，只是覺得很有趣，就報名了。而且當時班裡只有百分之五的同學自願參加奧數學習，根本不是義務性的，也沒有什麼專門爲奧數開的輔導班，頂多是參加數學老師的個人輔導。從結果看，當時參加考試的學生成績也確實處於平均水準以上，但奧數仍然跟升學沒有什麼關係，大家純粹是出於個人興趣才參加的。

因此，我的觀點是，有強烈求知欲的孩子有權選擇奧數，但奧數的性質也決定了它只適合於極少一部分人。在當今中國，奧數如此普及，吸引那麼龐大的學生和家長群，並形成了一條巨大的產業鏈，已經完全脫離了奧數的本義。

之所以如此，是因爲背後有一隻「升學」之手在操縱。缺乏獨立思維能力和溝通能力的家長們會覺得，只要能增加一點點上重點學校的機率，就要讓孩子學奧數，這個荒唐的思維的背後，是中國特殊而複雜的國情，是高考那令人窒息的競爭度。

但就我在中國生活的經驗來看，呼籲家長們好好與孩子們溝通、眞正瞭解孩子的興趣和能力，是有些不現實的。今天中國家長的素質達不到這種理性的高度，只要奧數讓他們看到一點曙光，就會逼著孩子上奧數班。像小張那樣聰明又明智、會從長遠的人生設計出發學奧數的學生畢竟是鳳毛麟角。

從另一方面來講，我堅決認爲，奧數的功績也不應被一筆勾銷，奧數和升學完全脫鉤也是不合理的。而在中國的國情之下，目前似乎唯一合理的辦法，是有關教育部門把參加奧數班以及奧數考試的門檻提高，並在各個學校建立一個由不同人士組成的學習奧數的資格審查機制。從而使像小張那樣眞正的數學愛好者可以不受升學的束縛，集中精力學習奧數，並使抱著盲目幻想的大部分家長們放棄這條路，而在尊重孩子的興趣和天性上多花些工夫。

不能讓高考壓死人

二〇〇八年中國高考的考生達到一千零五十萬人，比二〇〇七年增長了一些（二〇〇九年約為一千零二十萬人，比二〇〇八年有所減少）。這些數字從我這個日本人的角度來看是難以想像的。日本二〇〇九年的高考報名人數為五十四萬三千三百八十五人，比二〇〇七年減少了百分之一點八。日本社會正面臨著「少子化」，年輕人占的比例逐漸減少。中國人口大約是日本人口的十倍，從人口比例看，中國高考考生人數的突出一目了然。

我非常關注中國高考。高考前我也多次跟我任教中學的學生們交流過。跟自己學生的溝通既愉快，又特有收穫。從他們的身上我能受到很多啓發，獲得很多感受。高考結束的那一天，我跟學生稍微溝通了一下，他們大部分都正常發揮了自己的水準。我一向強調，「潛能不是為積累而存在的，而是為發揮而存在的，因此方向要明確，一定要努力發揮。」不過，設身處地地想，他們在競爭這麼激烈的情況下，要脫穎而出眞的不容易，以前說高考是千軍萬馬過獨木橋，現在這座「橋」加寬了，高校擴招了，但競爭的嚴酷程度並沒因此降低。我沒法替他們分擔壓力。可以說，中國中小學生的壓力是全世界中小學生中最大的，沒有一個國家孩子承受的壓力能與中國的孩子相比。歸根結柢，這是人口壓力造成的問題，中國幾乎所有的國內問題都跟人口有這樣那樣的牽連。人口的影響無處不在，滲透力無限強大。

中國高考向何處去？這是這些年中國媒體和社會輿論關注的熱點話題，也是我一直關注的問題。無論是學生、家長、老師還是教育官員，都不否認高考有問題。這些年，圍繞高考科目、高考日期都作出了一些改變，比如將考試日期由以前的七月酷暑提前到六月，這是一個很人道的改變；比如圍繞考試科目，一直在嘗試進行調整，還有高校招生自主權也在逐步擴大。但所有這一切都還沒有觸及到高等學校入學考試制度的根本性結構。下面，我想就中國高考表達一些個人的思考，供大家批評。

一、今天的高考制度對孩子們的健康成長不利。目前中國孩子像學習機器一樣，每天疲於奔命，在題海中沉浮，學習成了應對考試的手段，而不是汲取知識、培養能力的手段。除了學習、考試，其他都不會做，包括最基本的生活能力往往也不具備。當然這是相對的。我們人大附中有很多各方面都很出色的孩子。對大多數孩子來說，由於他們上哪所大學取決於一次性的考試，孩子們的壓力極大，不得不把幾乎全部時間和精力放到應試上來，今後上大學、走向社會的過程中，獨立生存能力與社會責任感往往嚴重缺乏，除了應試，其他方面的競爭力奇缺。

二、今天的高考制度固然爲孩子們奠定了較爲牢固的文化基礎，但卻缺乏靈活性和彈性。中國孩子們經過斯巴達式的殘酷訓練，對知識、原理、思想等掌握得比較牢固。不過，教育是對人的整體塑造，應用能力對一個人才的發展也同樣重要。想像力、創新力等能力，對孩子一生的發展意義十分重大，但這方面還沒有引起重視。

三、應該承認，在缺乏公平、平等的社會現實中，與很多事情相比，高考應該說還是相對公平的。雖然招生問題上存在地區差距，其差距也嚴重損害了孩子們對未來的希望，但總體來說，只要能考得好，孩子們是能上大學的，「教育改變命運」，這個觀念在中國還是深入人心的。上大學，是改變命運的開始。因此，高考才會有這麼大的吸引力。很多家長和孩子認爲，高考考不好，一生就完蛋了，對家長來說，是希望落空，對孩子來說，是沒有了未來。我認爲，今天中國的高考制度雖然存在弊端，但總體上還是正面的，但需要不斷調整、完善。比如，招生的地區比例、招生的方式、考試內容的靈活性等。絕不能在現狀原地踏步。

四、家長給孩子的壓力成爲大問題。在我任教的學校，有一個例子。原來住在比較遠的地方的家庭，到孩子高三時，爲了讓孩子每天能多睡一個小時，全家都搬到學校附近。在我看來，極端不可思議，這看似關心，實則加劇對孩子的壓力。如果家長花了很多錢，孩子考不好，孩子怎麼想呢？十八歲的孩子，承受著家庭這麼大的壓力——雖然壓力有時是以關心的形式出現的——孩子能有正常的心態學習嗎？其實，簡單指責家長也缺乏說服力，因爲，家長這麼做也是沒有辦法的事，最大原因在高考制度。爲了逃避現有的高考制度，聽說很多有錢的家庭熱衷於將孩子送到國外去學習，去國外上大學，可是，又有多少人有這樣的經濟實力呢？

五、高考結束後的幾天，我隨時觀察街上的動態。無所事事的高中生明顯增加了，增加的大部分應該是被解放了的高三學生。這現象令人感到失望。也許考得好的以爲可以上一所好的大學，自己的一生就可以了，OK了，今後什麼都不用擔心了；考得不理想的，也認爲完成了高考，可以解脫了，今後的一切都聽天由命了。其實，人生不止高考。人生充滿著波動與曲折，高考只不過是人生中的一個過程，並不能完全決定一個人的一生。每一個人在每一個階段都要有不同的思考、不同的表現、不同的進取。假如全社會包括孩子們都在想高考是一切，高考決定命運，人生就取決於一兩天的高考，這難道不是十分可怕、十分危險的嗎？

我衷心希望，不要讓高考壓死人！

二○○九年高考就要開始了。作爲一名中國的前高中老師，我希望大家能以平常心對待人生中的這一關口。同時，也希望家長們無論孩子考試結果如何，都不要給孩子們增加沒必要的壓力。不管是家長還是孩子，自己的心態決定一家人的成敗。對於今天的高三學生來說，最重要的還是平常心。

祝大家考試愉快，度過人生中這段難忘的時光。

我跟中學生們的關係一向很好，希望自己能夠跟學生們一起碰撞思想，共同成長。高考即將來臨的前一陣，我跟一個乖乖女生（她現在已是大學生了）在MSN上有一番對話。這個對話中所表露的眞實信息，相信具有普遍性，下面摘取其中的一部分，供大家參考——

加藤：作爲你的老師，我只是想說一句：只要你自己思考後決定的事，老師一定支持你。我不希望我的學生有從眾心理，希望你們能夠培養出自己的個性，有獨立思考能力。這樣才能在今後錯綜複雜的社會上生存下去。我只是想，你可以有你的想法、你的生活，爲什麼要跟別人一樣呢？所以，我上次聽到你的想法後，很高興。你可以有你的立場、你的人生。

學生：但是家庭給我的束縛太大大太大太大。

加藤：你感到壓力嗎？

學生：我一直想學習就只是一個人的事兒，我不可能說一直去適應他們給我確定的所謂適合我的生活和學習方式。我覺得過程需要自己體驗，但一定要有結果。不過結果是好的還是壞的，這個自己一定會接受。但是他們不給我過程，卻給我一個不是我要的結果。最大的束縛來源於固定的模式，其次才是壓力。

加藤：你的想法是正確的。大人一旦有了立場後，他們已經沒有辦法對這些想法作出判斷，只是一味推行。所以，無論你受到什麼樣的束縛或壓力，希望你能夠堅持自己的思考。你說的「固定的模式」是什麼？

學生：比如說，上一所好大學，大學畢業後或者繼續學習或者找一份穩定工作。然後結婚成家，甚至包括以後的對象類型他們都設計好了。他們認爲這是爲我好。我越堅持自己的想法就感受到越大的束縛和壓力。高考還有一百天，我一定要考好，這不單是他們想要的，也是我想要的。這是我給自己定的規劃，考得越好，就越可以更好地擺脫定制，這是我現在最大的心願。

加藤：嗯，你沒有錯。其實，我的情況和你不同。我在農村出生，後來做運動員。父母一直比較放任我。

學生：其實都有好處和弊端吧？

加藤：他們的立場很明確，你可以自由選擇你想做的，但一切責任都要你來承擔，他們不管。我是沒保障，但有自由的。其實這很符合我的性格，也很感謝父母能夠培養我獨立生活的能力。

學生：那我們是相反的情況了，爲了成長，我只能自己培養自己獨立生活。

加藤：我也希望你有獨立生活的能力。

學生：我喜歡出國的原因是父母身爲軍人不能出國。

加藤：我一直認爲所謂壓力應該是自己施加的東西。哦，這樣子。你跟父母關係怎麼樣？

學生：其實很好，但是我沒辦法眞正表達自己的看法，我想應該尊重他們以我爲出發點的善意。

加藤：但你滿足於現狀嗎？你每時每刻都扮演很乖的孩子，這是你的眞意嗎？

學生：我希望自己在獨立的前提下很乖。我現在覺得自己的定位就是：沒有能力獨立的人。而且我時時刻刻都是缺乏自信。這個是我上高中以來面對的最大的困難，已經持續了三年。

加藤：你自己分析一下，你爲什麼缺乏自信呢？是沒有能力獨立還是沒有條件獨立？這是兩個概念。

學生：目前的我沒有那個勇氣，有時候覺得自己是懦弱的。

加藤：什麼勇氣？你要學會把想法說清楚，這是你培養自信的起點。

學生：想要獨立卻同時害怕失敗。

加藤：你對失敗的定義是什麼？

學生：因爲沒經歷過失敗。我前十八年的人生在一條規劃好的道路上循序漸進。

加藤：那你怎麼知道什麼是失敗？還有，你認爲什麼是獨立？

學生：我覺得正是因爲不知道才害怕，獨立應該是按照自己的想法規劃未來的人生。哈哈，沒關係。我從來沒跟別人聊過這個呢。我是大家眼中的很乖的沒太多的想法的人。

加藤：你希望你有個性嗎？

學生：大學以前不希望。

加藤：爲什麼？

學生：有很多要積累的東西。比如對事物的判斷能力等等。在大學前如果有這樣的想法就會被推到叛逆的人群中，會有更多的煩惱和問題產生，我覺得大學以前最重要的是學習，單純的學習。

加藤：人的一生都是學習的過程，但可以分爲不同的階段。所以你應該思考，什麼階段該有什麼樣的學習或態度。

學生：說的很對啊！

加藤：希望你上大學後逐步建立獨立人格。學會在該對父母說「不」的時候說「不」。

學生：好的。但是看到父母失望的表情會難以決定。

加藤：你的人生是誰的？是父母的？如果你認爲是，那你就一直走父母安排好的或父母所希望走的路。

學生：應該是自己的。

加藤：但如果你認爲「不」，就要自立。

學生：我會努力的。

加藤：一步一步習慣對父母表達自己的想法。

學生：成爲一個獨立而自信的人。

加藤：對。

學生：今天特別感謝你！

加藤：應該的，我是老師。有什麼問題隨時找我。

學生：哈哈。我首先是對朋友說這些話，其次才是老師。

加藤：哈哈。我認爲，師生之間有一種特殊的緣分，沒有壓力，只有友誼。

學生：我們之間的友誼是因爲你培養得很好。其實大多數老師很少這樣。

加藤：我有我的做法。我從來認爲，做不了朋友，還有什麼平等健全的溝通？溝通是教育的根本。沒有根本，不可能有發展。教育絕對不應該是單純的灌輸。

學生：說的太好了。

加藤：教育的目的是通過師生之間坦誠平等的互動而引導學生去獨立思考問題。這樣教育才可能是生產力。對未來的希望是今天的動力。

學生：元氣滿滿！那我要學習去咯，爲了自己的未來而努力學習。

二〇〇八年三月二十六日，我跟我班上一個男生在咖啡廳聊了一個小時。

這學生是高二的高材生，我從他初二的時候一直教他日語，應該說是我最老的學生之一吧。他小時候在日本待過兩年左右，日語說得很不錯。

這次跟他見面是因爲他要從人大附中退學，去英國讀高中，然後接著上英國的大學。我作爲他的老師，想弄清楚他做出選擇的理由，他也很明白我的想法。我們坦率地交換了意見。首先我爲他的成長感到自豪，這小子也對我說：「老師，你也成長了。」我假裝生氣：「這是什麼話！別跟老師這麼說！」開玩笑而已，其實我一直很享受跟學生的這種平等關係，沒有壓力，只有友誼。感謝上帝給我當老師的機會。

他要離開中國去英國的理由，主要是他想挑戰一下自我，面對新的環境，提高自己的生存能力。

「如果是在中國，你只要學習好就可以了。可以上好的大學，找到好的工作。但我不覺得這是人生眞正的意義所在，我對過這樣的生活缺乏動力。我不想把生活搞得這麼簡單。我想以其他的方式過充實的生活。」

這是初二時那個非常調皮、不懂事的孩子說出來的話嗎？你的話裡有了思想，有了自己發明的思想。老師感動得快要哭了。我的學生有思想了，我剛跟他認識就反覆強調「獨立思維，培養個性」的重要性，看來今天開始開花結果了。

這次我跟學生的聊天是深聊，是思想的碰撞。這才是眞正的師生關係。但不是所有的師生之間都有這樣的緣分的。

今天的中國高中生處於困惑的狀態。學生承受著家長、學校、社會三方面的巨大壓力，但無論如何都要前進。因爲，在類似今天中國極爲激烈的競爭環境下，只有具備一定的學歷，才能向上走，向前走。在他們看來，讀不好高中，就讀不到大學，讀不到好大學，發展就很困難，很難擁有好的社會地位，也過不上幸福的生活。從現實來看，這種說法是很有道理的。

在複雜的國情面前，制度設計的空間很小，只能是明確而死板的。今天中國年輕一代是受社會轉型與多種文化衝擊的一代。如果他們想轉變社會，首先必須接受自己是被轉折一代這個事實。

另一方面，今天的大學生、高中生、初中生甚至小學生，在擁有一定程度的物質保障的前提下，逐步地摸索所謂的「選擇」，有些人深刻認識到「今天，機會不是單數的」這另外一個事實。如果家庭條件允許，他們可以選擇出國，開拓自己的視野，探索另一條成長之路。我的學生中也有一些人有這樣的想法，他們不滿足於現狀，而不斷挑戰現狀。

我原來有一個天資超常的學生，他拿到了美國著名大學的錄取通知書，經過痛苦而充分的「獨立思考」，他最終選擇在國內上大學，進了北大，現在是我的校友、學弟了。相信當時有一段時間裡他很痛苦，無所適從，但令我這個老師感到欣慰的是，他始終沒有迴避思考，最終作出了自己的選擇。我發自內心地爲他感到高興。

有些學生在考上北大、清華的情況下，選擇到香港上學，他們也有自己的思考和理由。這些事實意味著，今天中國青年逐步感到了機會的多樣性以及未來的多種可能性。機會不是單數的，可能性更是多數的。這將爲中國年輕人未來的發展打開新的空間。

下面，是我爲這位去英國留學的學生寫的一段話——

昨天，老師和你聊得很開心，你的個頭長高了，頭髮長長了。你的精神也正在隨之而長大，這是今天眞實的你。我還記得，大約四年前，在學校教室裡初次看到你時的感覺，你很調皮，不成熟，經常給老師添麻煩。應該說，你是我最嚴格對待的學生，但我也一直很欣賞你與眾不同的想法。你有個性。我喜歡有個性的人。今後，你隻身去英國，在異國生活學習，作爲你的老師，要說不擔心是騙人的，但同時，自己的學生能夠用自己的翅膀飛到更高更遠的地方，逐步邁向獨立、邁向成熟，我眞的感到自豪。希望你堅持，堅持你的想法、你的風格、你的生活。最後，祝你一路平安，在異國一切順利，有任何困難隨時跟我聯繫，我會全力以赴地幫助你。讓我們一起探索，一起努力，去尋找更加美好的人生。我永遠愛著你和你的同學們。

中國能走向和諧之路嗎？

二〇〇八年春節過後的某一天晚上，我與平時一樣從西直門坐地鐵去五道口再回學校。我本來打算在這段大約十多分鐘的時間裡讀完一本書的最後一章，結果沒看進去。原因在於注意力無法集中。當時我很疲倦，這是內因。但我也必須指出外因，就是城鐵裡的電視實在太吵了。有些乘客還旁若無人大聲喧譁。

在日本，地鐵裡是安靜的，幾乎沒有人說話，大家不是看書看報就是睡覺。為什麼？很簡單，地鐵是公共場所。在公共場所，重要的是維護秩序，維護秩序的前提是民眾對秩序的認可與服從。秩序最終帶來的是社會的穩定，大家可以在這種穩定中獲得安全感、踏實感。

北京發達了。不僅物質基礎，精神文明也有了一定的提升。在公共場合播放的呼喚文明行為的廣播錄音營造出了文明的氣氛，推動了民眾的公共意識與謙讓精神。這是我剛來北京的時候所沒有的。可以看出，政府在這方面投入了許多資源。呼喚文明、培養文明行為的一系列公共政策是令人敬佩的。

但還是能看到，在中國的公共場所，那個最重要的力量——公共秩序還是缺失的。

比如，闖紅燈仍是經常發生的事。只要「能」過去，人們在生命安全不受威脅的範圍之內理所當然地過去，無論是知識分子還是民工。但在日本，我們是不闖紅燈的，原因不是生命受威脅，而是大家都不這麼做——大家都遵守，我就一定要遵守。日本人的從衆心理很強。紅燈是「不可以」闖的，這是個鐵規矩。這樣的從衆是值得借鑑的。

爲什麼在中國社會裡，公共秩序和公認標準對人們缺乏日本和歐美社會裡的那種約束力呢？

我想這背後，和不同的公私觀有關。

中國人潛意識裡還是認爲自己第一，日本人則認爲社會第一，個人主義無助於形成牢固的人際網路，也無助於最快速度地提高自己的社會地位，因此他們能夠不惜一切地服從公共秩序，履行社會責任。

說句實在話，我其實很欣賞中國人的自我意識，這種意識下，人們可能更有進取心和個人奮鬥意識，容易形成爆發力，這值得日本人學習，但我也擔憂這種個人主義的過度膨脹，會造成公共意識的匱乏。

講一件我親身經歷的事情吧。

有一天，在東邊農展館附近有事，因目前還沒有從北大到農展館的地鐵，爲了趕時間，我就打車走。約好見面時間是九點鐘，我七點五十分出門，但趕到那裡，已經是九點三十分。作爲一個守時的日本人，我很慚愧，眞的過意不去。遲到的原因有三，第一，堵車。北京早上從西到東的路面交通簡直可以說是處於崩潰狀態。第二，我的安排錯誤了。我多少瞭解早上北京的堵車慘況，但在安排出行計畫時，沒能做到精打細算。正確的辦法也許應該是先到五道口，坐地鐵到東直門，然後再打車，這樣雖然很麻煩，但估計不會誤時，而且還能省不少錢。

第三，計程車司機的判斷錯了。不知爲什麼，他專揀人多路堵的路線走，坐他的車，就像陷在爛泥塘裡的感覺。

這裡，第一個問題暫時不要提了。北京堵車，我說什麼都沒有辦法讓它不堵，只能寄希望於「到時候」。第二個問題，我會反思。至於第三個問題，我想多說幾句，下面我就專門談一談對北京計程車司機的看法。

我一直以來有個困惑和不滿，每一次上了計程車，告訴師傅目的地，他總是要問一句：「怎麼走？」我覺得，這句話有問題。除非你不認得路或有特殊情況，司機不應該問「怎麼走」，因爲，你是司機，專門搞這行的，對北京地理以及交通狀況應該是更瞭解的。這就和醫生給病人看病，不該問病人「怎麼看」是一樣的道理。我知道北京的交通很可怕，最大的受害者也許是司機先生或女士。不過，無論如何，開車目前對他們來說是個工作，要有最起碼的職業素養和職業道德。今天，司機更應該特別留意，盡可能準確地瞭解北京的交通狀況，隨時收聽交通廣播，以便最有效地把乘客送到目的地。北京堵車，時間不好控制，乘客也應對司機表示理解與同情。不過，一個問題，我必須得指出，有部分司機動不動問乘客「怎麼走」，每次遇到這種情況，我總是回答說：「我哪知道？你不是司機嗎？你比我瞭解情況。拜託了。」有些司機會來這麼一句：「不一定啊，我聽你的。」這眞是怪了，一個專業的計程車司機，怎麼會比我這個乘客瞭解得少？其實，他們的心思是很清楚的，就是推卸或轉移責任。

北京往往很堵，經常不能準時到目的地，這樣乘客會著急，司機也不想負責任，就讓乘客指路，這樣司機的責任就沒有了，畢竟是乘客主動要求那麼走的嘛。如果乘客有怨言，司機就會說：「不是你要我這麼走的嗎？」得，責任就全是乘客的了。

我知道北京堵車，司機無奈，乘客著急。無論是司機還是乘客都得發揮智慧，盡量有效避開堵車。司機還是要履行自己的義務。北京這麼多人打車，你們的責任是重大的。乘客對司機也要尊重、理解。當然，在可能的情況下，乘客與司機爲了共同的目的，也可以進行溝通，互相商量著怎麼走更合適。

近年在日本流行一個詞，即「格差」（Kakusa）。「格差」翻譯成中文應該是「差距」，泛指各種差距——貧富、能力、條件、信息、地位、觀念等等的差距。

無論是在老百姓口中還是書架上，在今天的日本我們都不停聽到和看到「格差」。隨著國內外形勢的變化，各種社會結構或現象正在衝擊著日本國民的心理。低收入勞動者、打工族甚至無業者的增加，新的貧困群體的出現，日益減少的機會平等，城鄉差距的拉大等等，都屬於「格差」現象。日本國似乎已經進入「格差社會」了。

我這個住在北京的日本人也常常想起「格差」，特別是在每週五傍晚必然遇到的堵車時光。

上週五，我約朋友晚上七點在城東的國貿見面。五點半從位於北京西北角的北大宿舍出發，一出門就在校內遭遇了車流。北大是高等學府，但每到週五傍晚，似乎變成了車展。好容易擠出來，卻又打不到車，只好走到五道口城鐵站，在那裡換城鐵到西直門，再換乘地鐵。

到了五道口，看到的又是人海。進入地鐵二號線的門口，仍然到處都是人，排隊排了十五分鐘才進去。上車二十分鐘後到了建國門，換乘一號線，一號線又是人山人海，擠不進去，等了兩班才上車。七點二十分終於到了國貿站。很慚愧，遲到了二十分鐘，雖然很不應該，但遇到這種情況實在是很無奈。

爲什麼最近地鐵裡人特別多？冷靜一想，原因很簡單，公交費用降低了。現在坐地鐵去哪裡都是兩元，比原來便宜百分之五十。而且五號線開通了，今後還會開通幾條線，北京人利用地鐵的情況一定將進入飛躍期。

廉價和完善的地鐵系統，本來應該給城市運轉帶來正面影響，但北京今天的交通狀況卻並不那麼令人樂觀，這裡面有很多值得思考的地方。

在地鐵利用者增多的同時，另一方面，由於富人不斷增多，私人汽車的擁有量也在快速增多。據說，每天在北京新登記私家車達到一千輛，這實在是令人難以想像的速度。公車呢？利用率至少沒有降低吧。計程車呢？我常常打不到車，據此推斷，生意應該也沒有減少吧。今天北京的各類交通工具似乎都在增多，但每一種方式卻都各有困難和煩惱——開車堵，公車擠，計程車難打。

還有一個有趣的現象：今天的北京，大多數東西都漲價了——大到房子，小到食品，但地鐵和公車票價卻越來越便宜。爲什麼？交通系統中的計程車比原來貴了，我剛來北京時每次都坐一公里一塊二的，現在再也找不到這麼便宜的了。而私家車卻越來越多。這怎麼理解？我只能想到階層的「二元化」，而且相對於物價高漲，低所得者的收入沒有相應地增加，日語裡說的「格差」正在北京顯現。

對「格差」的下層來說，地鐵和公車降價也許是政府對百姓的物質回報。在當前社會快速並深刻轉型的形勢下，政府希望老百姓透過這些，看到政府調節的苦心。

對居於上面的人來說，北京的地上交通狀況這麼混亂，買車、開車絕對不是明智的選擇。再說了，養車費多貴啊，停車多麻煩啊，交通事故多頭疼啊！

那麼，爲什麼還有那麼多人毫不猶豫地買車呢？我又想到「面子」、「物質欲」這些因素。我很可以理解，在周圍人還沒有那麼多錢的情況下，自己有了錢，確實想以物質的形式，在「格差」當中顯示自己的優勢，享受優越感。

如何在「格差」及「格差二元心態」之下理順北京的交通困境，是對政府智慧和決策能力的一個巨大考驗。

時光又走過一年，過了二〇〇九年春節了。對於生活已有六年的北京城，我始終無法擺脫一種感覺，即——可惜。可惜在於，城市運轉的暢通度很低，也正因爲這個原因，北京市民常常感到生活在巨大的壓力、巨大的不順心狀態下。

我說的暢通度低，不止是堵車，更是指城市的各個方面——學校、醫院、政府機關、寫字樓、馬路、地鐵、火車站——到處都有梗阻現象，總而言之，讓人感到心氣不順，心裡添堵。

爲什麼會這樣？

原因大概有二：第一，北京正處於迅速崛起的發展階段，發展是硬道理，某種程度的混亂也許是必經之路，不可避免；第二，政府的公共政策還在完善之中，公共管理水準還在提高過程中。

可是，把運轉不暢通的責任僅僅歸結到國情和政府身上是不夠的。我認爲，最重要的，卻恰恰是第三個層次，即公民社會如何對待秩序，因爲，歸根到柢，只有公民力量的自覺或覺醒才能最終提高城市的運轉水準。

二〇一〇年一月，北京市政府下令，北京地鐵站內除《北京娛樂信報》之外的報紙一律禁售，這一新規引發軒然大波。我特意去看了一下一號線和十號線交接的國貿站，確實見不到報紙銷售員了。上車後發現，幾乎沒有人看報紙。這很正常，普通百姓不可能外面買了報紙之後，再專門帶到地鐵裡閱讀。看看周圍，有打遊戲的、聊天的、吵架的、吃喝的，這也很正常，在地鐵上沒事做也怪無聊的。

我二〇〇三年剛來北京的時候，感到地鐵裡乘客素質很低，在公共場所表現得相當隨意，這令筆者感到非常不適應。因爲在日本的地鐵上，無論多擁擠，也顯得相當有秩序——許多人在安靜地看報或看書，幾乎沒有人大聲喧譁。後來，北京地鐵裡看報紙的人明顯增加了，那一場景讓筆者感到欣喜。

地鐵屬於公共場所。凡是牽涉到「公共」兩字的事物都需要公衆的認同與關懷來支撐。地鐵既是「公共」的代名詞，也是衡量城市文明的象徵。地鐵裡看報族的增加無疑值得歡迎，地鐵裡的報紙銷售點對市民來說越來越不可或缺，它給北京的地鐵帶來了一道美麗的風景線，也帶來了文明與和諧。

一個民族的文化發展程度首先要看它的社會秩序和國民素質。國民素質的提高，實際上是一個潛移默化的過程。不能單靠強制執行，也不能指望一夕之間實現。而大衆傳媒無疑可以在其中扮演重要角色。

從這個意義上說，我認爲，北京市「爲秩序而禁售報刊」這種邏輯推理，其眼光極爲狹隘而短視。如果冷靜衡量，以禁售這一自上而下的強制性政策而產生的暫時秩序，和媒體「促銷」這一自下而上的對社會風氣和世道人心潛移默化的影響相比，這兩種截然相反的政策導向，究竟哪一種更爲符合廣泛的民意並且更加具有可持續性？答案不言自明。更不要說，政府對《信報》這家市委宣傳部批准的北京唯一的地鐵報給予特殊照顧，而將其他報紙排斥出去，已嚴重違背了市場經濟公平競爭的核心價值觀。眞是得不償失！

對於這一禁令，有關方面以消除「安全隱患」來解釋，理由顯得十分牽強。在同樣屬於國際大都市的東京，地鐵的擁堵程度絕不亞於北京，乘客們所承受的壓力同樣是巨大的。東京的每一地鐵月台都設置著固定的「便利亭」，裡面有飲料、食品、書、報刊，由一個阿姨來負責銷售。阿姨為忙碌的上班族提供快速高效的服務，但並沒有影響東京地鐵的安靜和秩序。沒有人會把擁堵和賣報聯繫在一起，把賣報紙問題化。

再說，北京地鐵月台擁堵，禁止售報就可以解決了嗎？繁忙而有序的地鐵是每一個國際大都市的標誌，是世界瞭解這個國家的一扇視窗。北京作為一個正在崛起的大國的首都，應該有能力承受來自地鐵人流的壓力。然而管理者並沒有選擇通過規範銷售點行為來疏導地鐵售貨帶來的問題，而是以有悖民意的手段和不惜以文明退步為代價，簡單以一紙禁售令而簡單處置，由此讓人不難看出這種決策模式背後落後的陰影。

中國記者爲何拿紅包？

在很多外國人——自然也包括日本人的印象中，中國缺少言論自由（no freedom of speech）。媒體是「黨的喉舌」，新聞報導被嚴格管制——這是外國人對中國相當普遍的印象，我一點都沒有誇張。

我平時打交道最多的是媒體人。無論是接受記者採訪，撰稿時跟編輯協商還是在電視上跟主持人互動，本人通過各種途徑，抱著強烈的好奇心，盡量貼近中國媒體的眞實。至今，圍繞中國媒體這一話題，我最有興趣的問題是，中國的媒體從業者爲什麼選擇做媒體人？尤其是記者，爲什麼選擇記者這個職業？

我曾經問過日本記者爲什麼當記者，回答當然是五花八門，有人說喜歡這份工作，也有人說待遇比較好。不過，菁英記者的自我定位令人沉思。有一位資深記者告訴我說：「我做記者，理由很簡單。我不想讓政府隨便擺弄，必須監督他們。日本在二戰時遭到什麼情況？統治者走極端，媒體始終沒能阻止國家陷入失控局面，最後導致發動戰爭。日本再也不能犯同樣的錯誤。歷史證明，政府的表現不可能每一次都很正確。因此，媒體必須以第四權力的身分去加以監督。」

中國改革開放三十周年，也是奧運舉辦年的二〇〇八年，國際上對中國媒體的關注與日俱增。中國媒體對西藏事件、聖火傳遞、四川大地震等事件的報導都讓我們思考媒體在國家生活中該如何扮演好自己的角色。

「嚴格了還是緩和了？」西方媒體，包括日本媒體往往以如此二元化的角度看待中國政府對媒體的管制政策。其實，說到這點，無論是中國人還是外國人，都沒有必要對「管制」感到忌諱。中國有些部門專門從事新聞、輿論的管制，這是事實。但一個主權國家有權決定自己的戰略、政策，也有權決定如何主導輿論。這也沒有什麼好驚訝的。

如果就事論事，奧運之年國家對媒體的管控究竟嚴格了還是緩和了？從我所體會到的來看，應該是變得嚴格了。奧運畢竟是件舉世矚目的大事，它能否成功舉辦，關係到國家的核心利益。中央不允許任何國家、任何組織、任何人做出有礙奧運順利進行的事，這是不難理解的。更何況，二〇〇八年上半年對中國來說，形勢極爲嚴峻，年初雪災、西藏發生的動盪、聖火傳遞中的曲折、五．一二地震……事情一件接著一件，無不考驗著政府的執政能力，任何一件事情處理不當，都可能影響奧運的順利進行。

儘管形勢嚴峻，但媒體所表現出來的開放和盡職仍然令人眼睛爲之一亮。「三．一四」拉薩事件發生後，中央電視台播放了當地實況的鏡頭。有位日本駐中國的記者說：「十年前的話，這絕對想不到，也不可能。」「五．一二」大地震發生後，無論是官方媒體還是半官方媒體都立刻作出反應，大量派遣記者到災區現場，盡量在第一時間把信息傳達給人民，央視也做出了連續的直播報導。有些國內專家這樣評論說：「政府的信息公開水準達到了空前高度。」在媒體大戰中，中國媒體顯示出前所未有的實力。有些歐美的媒體也作出了類似「中國媒體進入新階段」的評價。

這些評價不無道理。當然，媒體表現出來的及時和客觀固然可敬，但媒體之間報導角度和口徑的高度一致，又顯得美中不足。比如，四川地震發生後，國內有些媒體指出災區校舍倒塌，衆多師生死亡背後隱藏的各種結構性矛盾，結果就被逐漸淹沒了或者邊緣化了。

說到此，話題轉移到最初提出的疑問：「你爲什麼當記者？」據我所知，今天中國媒體面臨多重壓力。第一，任何媒體都要面對管理部門。其次，任何媒體也要討好投資商、廣告商。必須得到他們的支持，否則就會影響生存。再次，要對得起讀者。沒有讀者、聽衆、觀衆，媒體有生存的意義嗎？當下，媒體競爭日趨激烈，達到白熱化的地步，傳統媒體，電視、報刊受到網路媒體的衝擊，生存處境益發艱難。

壓力之下，記者怎麼辦？怎麼在多重壓力之下保持媒體人基本的專業良知？如何在生存需求與職業道德之間尋找可接受的平衡點？這對記者來說，眞是極富挑戰性的問題。能堅持下來的，不僅要有技巧，還要有堅韌的神經。

二〇〇九年底，我在北京參加了一場有關媒體倫理的國際會議。倫理不僅是在中國、在當代、在媒體領域存在的概念，也是跨越時間、空間和專業領域的話題。

媒體倫理是個大話題，寫論文，可以洋洋灑灑寫上一大篇，但我覺得，探討這個話題，不妨尋找到一個小的切入點，我想以中國記者「拿紅包」這一現象作爲觀察的切入點，來分析今天中國記者的現實和所面對的困境，是再好也不過了。

不管是剛入行的記者還是資深的記者，拿過紅包的還是沒拿過的，媒體從業者們爲記者該不該拿紅包這個問題的討論花了很多的時間和很大的精力，觀點交鋒相當激烈。說明這個問題的確具有很強的標本價值。

一位資深媒體人指出：「一個同行曾這樣形容自己『輝煌』的過去，『我在多少年前，一個月就有一萬多的紅包了』，我還能記起這個同行驕傲得意的表情。」

散會後，我給一位跑會議的經濟記者打電話，問他：「你平時拿紅包嗎？」因爲我們倆關係很熟，對方也就實話實說：「有，沒辦法，主辦方每次都逼著我們接受，平均一次一千元吧。」我接著問：「一個月大概拿多少？」對方想了一想回答說：「最多三萬吧，平均一個月有三萬元左右。」

所說正好與那位資深媒體人的同行一致。這一情況在中國是否是普遍現象，我不敢輕易下結論。但一般認爲，這是一個公開的祕密，部分記者的紅包收入往往會超過工資獎金。雖然每一個地區和領域的具體情況不同，但所謂有償新聞似乎無處不在，每天都在發生。現實傳媒體制內編輯部與經營部混崗，這也是造成有償新聞屢禁不止的重要原因。它客觀上是一場交易，給錢的和拿錢的角色之間存在利害關係，因爲雙方各有所需，才形成了利益關係。拿紅包，收「封口費」，廣告版與新聞版界限的混淆，新聞節目拉企業贊助等，所有這些都是和新聞媒體職業道德相違背的。

在那次會議上，與會者最終達成共識：拿紅包是不應該的，不可以的，是違反職業道德的不良的乃至可恥的行爲。不過，應不應該與可不可以是一回事，實際上能否做到是另一回事。僅以職業道德來規範從業者，不僅不合時宜，也無助於實際問題的解決，需要以更加有力的執法力度來加以配合才可能奏效。

同樣認爲「記者不該拿紅包」的剛入行的記者坦誠交代說：「我平時拿紅包。」理由是：「活動主辦方一定要讓我收，因爲這是慣例，沒法拒絕。」「我們的工資一個月才幾百塊，又沒什麼底薪，不拿紅包怎麼生活啊？」收入偏高的記者認爲：「我們內部有個規定不可以拿紅包，一旦拿紅包了，不僅違背職業道德，還會降低報社的公信力。」「我工資中等，能夠過相對安穩的日子，但一個月只拿三千元，值得爲這些收入辛辛苦苦寫稿嗎?收入偏低，錢應該向老闆要，而不該向外界找。」還有一些其他說法：「作爲記者，如果尊重自己，就不可能拿紅包，這是底線，連底線都沒有，憑什麼幹這活兒？」「我們不應該討論該不該拿紅包這一低水準的話題。」這些話聽起來很堂皇，值得尊敬，但問題是，有約束力嗎？

我原也知道中國媒體圈裡存在紅包問題，但第一次這麼集中地聽到這麼多的內幕仍然感到很開眼界。那麼，記者拿紅包的原因究竟是什麼？

記者爲什麼要拿紅包？體制原因、商業利益、東方文化、行業轉型、個人素質以及職業道德等等，可以找到許多原因，我感到最直接而深遠的原因是：記者的生存狀況問題。

據悉，中國媒體從業者的平均月薪大概在三千五百元左右，即年薪四萬元左右，有經濟實力的報社平均年收入可以達到十萬元左右。當然有更高的和更低的，即使在同一個報社或電視台裡，其收入也千差萬別。據我在華六年與媒體打交道的經驗，從工作壓力和收入水準看，媒體從業者的付出和獲得是不成比例的。他們雖然表面看似光鮮，其實都是疲於奔命，屬於令人感到可憐的群體之一。

中國很多大學開設新聞學專業，許多學生願意學新聞，抱著希望走進新聞行業，說明這行還是有吸引力的。然而，在處於社會轉型過渡期的當下，媒體又是最難做的行業之一，受到各種限制，各方都想討好，結果往往誰都不說好。

因此，記者們和經營者的壓力之大可想而知。記者之所以壓力很大，首先基於職業的要求——要求稿件獨家、有深度、有趣，又能給讀者帶來啓迪。新聞行業的特殊性在於，從業者都有一種責任意識，希望社會能夠健康發展，政府能夠做好決策，人民能夠過好日子。我相信，任何從業者至少剛入行的時候，對新聞這一行業的理解是帶著理想主義色彩的。因此，我不相信，任何一位記者會毫無理由地拿紅包，或者索要紅包。

經過那次會議，我意識到，對於新聞工作者來說，理想和飯碗並存才是合理的。光寄希望於記者的職業道德和良心，遠遠不足以解決這一行業面臨的任何問題，比如拿紅包。在日本，情況是這樣的：一、新聞從業者辛苦而頑強；二、新聞工作者的收入很高。

我曾經問過許多日本新聞界長輩：「什麼力量讓您下決心從事媒體呢？」他們的回答出奇地一致：「二戰前的我國政府犯了錯誤，沒能阻止軍部的失控行爲，結果發動了戰爭，結果戰敗，日本承受了侵略國的罪名和一片廢墟。那麼，我們要自問：當時媒體是幹什麼的？爲何沒能阻止軍部，沒能促使政府和民衆阻止軍部呢？媒體的責任絕對不能被忽視，政府的失職必須被追問，被追究。

「我們搞媒體，是爲了再也不讓公權力失控，盡可能讓政府少犯錯誤。我們不監督他們，誰來監督？什麼力量能保證政府所說的和所做的總是正確的？」

日本媒體人似乎承擔著崇高的責任與使命，加上他們的敬業和報社經營的績效，因此，他們拿的工資也比較合理。據我所知，在日本，剛入行的記者平均年薪大約相當於三十—四十萬元人民幣，工作十年，大概可達到八十—一百萬元人民幣。這種情況下，記者沒有必要拿紅包，記者也不敢冒拿紅包所可能帶來的風險。道理其實非常簡單：假設A家報紙的記者拿紅包了，並被競爭對手B報社發現了，A報社的這條醜聞必將被B報社曝光，A報社的形象和公信力將下降到底，沒準會因此陷入破產的危機。

日本記者每天工作十五個小時以上，幾乎沒有週末，承擔巨大社會壓力，有時其人身安全也受到威脅。這是記者這一行業的性質所決定的。我在想，今天的中國難道不也是一樣嗎？中國記者不也承擔著巨大壓力，有時其人身安全不也受到威脅？一天工作十五小時以上，沒什麼週末，這也是中國媒體人生活的寫照。

我相信，幾乎所有中國媒體從業者不僅感到工作巨大的壓力，同時還對未來感到不安，沒有什麼安全感和保障感，這也許是記者腐敗的一個不可忽視的原因。

談到紅包，順便說一說今年春節期間親歷的小故事。

二〇一〇年，我來中國後第一次在南方過年，也第一次在春節期間參加了一些應酬型宴會。以前聽人說，南方人情味兒淡薄，但我這個春節的經歷告訴我，南方人的人情味兒並不亞於北方人。

但說實話，儘管大家都非常熱情，我卻很不習慣於和大家沉醉於熱鬧和歡樂的氣氛，當然，這是個人性格原因，也是可以調整的。讓我很難適應，並感到困惑的是所謂「紅包」。見到每一位長者，他們都會把一個紅包「扔」給我，最少的也有一百元。我也瞭解到，在廣東那個地方，凡是未婚的人，不管年齡有多大，都有權利拿紅包。不僅是權利，似乎也有義務拿紅包。因爲，在那些「多邊外交」場合，給紅包以及給多少錢是牽涉到給方的面子問題。我是未婚者，所以所有人都給我紅包，很不好意思哦。我在日本從來沒有聽說過，也沒有接觸過以未婚爲標準給來給去的紅包文化。壓歲錢是大人給孩子的錢，假設兩個家庭互相拜年，每方都是兩個孩子，父母給對方的孩子們壓歲錢，一般都是五千日圓左右（三百多人民幣）。靠的是默契，是一種禮節，也是一種風俗。孩子到了大學階段，大人一般就不給了，孩子就不收了。

有一天中午，在高級餐廳包間跟廣東本地的幾位企業老闆吃飯。他們在沒有問我有沒有成家的情況下，毫不猶疑地把紅包扔給我。我很不好意思地鞠躬，也不知道該怎麼回應，只能說：「過年好，祝您身體健康，全家幸福，萬事如意。」突然間有個老闆的孩子進來了，說是初二，個子滿高，也很帥。那位老闆很自豪地介紹：「這是我的兒子！」隨後對兒子說：「給叔叔們拜個年！」兒子只是點了頭，很沒禮貌，也沒說一句祝福的話。下一瞬間，所有老闆都站起來衝過去，把紅包塞給兒子。兒子連「謝謝」都沒說，心安理得地接收了。我呢？該怎麼辦呢？如果在日本，我這個大學畢業生，也有點社會經驗的人應該給初中生壓歲錢。但這裡是中國，未婚者不都扮演收錢的角色嗎？兩個人都是未婚者，年齡差距又不大，我該怎麼辦呢？

在我猶豫的十秒鐘之內，兒子收齊紅包轉身就走了，也沒說聲「叔叔再見」。在一瞬間內發生的場面，卻讓我沉思了很久。剛才出面的三種角色，爸爸、兒子以及老闆們只是借助紅包文化，把春節作爲收穫金錢的平台而已。爸爸憑什麼把兒子帶到大人的應酬場合？兒子憑什麼到大人的宴會場所？是爲了拿紅包，就是賺錢。老闆們憑什麼給紅包（他們好像都是事先準備好，隨時放在口袋裡的）？是爲了通過給兒子紅包來跟他爸爸鞏固關係，爲以後的生意搞個鋪墊。

在我看來，這一切過程已經遠遠超出了傳統文化禮尚往來的範疇。我原來就對中國人的實用主義深有體會，此次春節讓我進一步加深了印象。另一方面，本來應該帶有情感色彩的紅包，其情感意味似乎已嚴重淡化。不含任何情感的紅包還有什麼意義呢？紅包這一傳統習俗，一方面流於形式，另一方面趨於實用，往兩個極端發展，剩下的只有兩個字：金錢！

我也到了香港，一些香港長輩們也給我紅包，還是很不好意思……打開看看，裡面放著十港幣，頂多是二十港幣，至少比大陸少十倍。怎麼回事呢？一個老總悄悄地告訴我說：「香港人給的紅包意思是個吉利，裡面錢多錢少是無所謂的，一般都是十或二十港幣。」

哦，原來如此，我說嘛，紅包的本來面貌就是一種傳統的文化，一座溝通的橋梁，大家借此拜拜年，送上祝福，其樂融融。春節即將過去的此刻，在同樣屬於華人文化圈的中國香港，接觸到一些有內涵和美妙的場面，我的心裡稍微踏實了一些。

愚蠢的「左右」之爭

二〇一〇年一月三十一日，由中國和日本各十位歷史學家組成的「共同歷史研究會」公布了《中日共同歷史研究報告》。二〇〇六年十月，安倍晉三前首相對華進行「破冰之旅」，在中日首腦會談中與中方領導人達成共識，決定年內建立該研究會。後來，每年一次，在北京和東京輪流舉行學術交流會。《報告》是雙方四次碰撞的結晶，共五百五十頁，包括「古代、中近世史」和「近現代史」，這個合作專案給雙方成員提供了各自發表觀點、相互交流的平台。雙方對研究成果的評價充滿東方色彩，「兩國學者對歷史的認識依然有分歧，但通過交流取得了一定程度上的接近」。

歷史認識問題至少牽涉到政治外交、學術研究以及國民感情。三者之間呈現出密不可分的關聯，缺一不可。三者之間可以良性循環，結果自然非常理想，三者之間有一個環節出了問題，則結果必然困擾重重。只有具備良好的政治氛圍，才能建立健康的學術交流平台，學術交流逐步深化，民眾之間的相互感情才能慢慢靠近。召開「研究會」，發表《報告》絕不是簡單的事情，正是兩國「官民一體」的多層化互動所取得的成果。作爲日方成員從頭到尾參與了研究會的朋友給我發郵件說，「這是在政治上有著局限的研究」。可想而知，中日之間在政治體制、經濟發展、歷史進程、民族心理、價值觀念等衆多領域仍然存在著較大的差距。但雙方都需要對方，討論哪一方更需要對方是沒有意義的，既然如此，就盡力求同存異，相互尊重，同舟共進，這不是一道多項選擇題，而是唯一的選項。

以上爲引子，以下說點正題。

二〇〇六年十二月二十五日，《南方都市報》刊登了一篇〈中日歷史認識能否超越國界？〉的文章，說「中日關係好像依然未長大成人，至少難說『成熟』。其中一個重要原因，就是歷史認識問題：歷史認識究竟能否超越國界？」「共同研究之目的，並不僅僅是共用所謂『對歷史的客觀認識』，而是通過研究的深化，來謀求相互理解的增進，將歷史爭議局限在小範圍內，既不迴避歷史觀差異，也不誇大。」

二〇一〇年二月一日，《環球時報》刊登了一篇〈中日發布共同歷史研究報告——各自表述歷史認識，駁斥日本右翼觀點〉的文章，引用中國史學會會長張海鵬的觀點說，「日本學者的觀點有很大進步，特別是與右翼學者有明顯不同」，還引用「專家」的觀點說，「這樣的對話和研究應繼續下去，用研究成果引導兩國國內對歷史問題的認識，駁斥日本右翼的歷史觀，讓歷史問題不再成爲障礙」。

研究走過三年，是在政府主導，由官方來制定的框架下，讓來自民間的學者各自發表自己的觀點。在目前中日政治環境當中，把交流的潛力和思想的共識發揮到極致，令人欽佩。那麼，《南方都市報》三年前提出的問題——「歷史認識有沒有超過國界」這一問題有沒有得到什麼明確的答案？對此，《環球時報》給出了結論：沒有，而且幾乎不可能。說白了，中日雙方的學者所面臨的國內政治環境之間存在著暫時無法彌合的差距。中方成員興高采烈地評論說：「日本學者的歷史觀有進步，有利於駁斥右翼的歷史觀。」這句話眞實地反映著中國學者對歷史認識堅定不移的核心立場。在他們眼裡，參加共同歷史研究會的日方成員是所謂「非右翼」，是能夠交流的對象，並區別於所謂右翼分子。什麼是右翼？就是其觀點與中國體制所允許的話語尺度不相容的人群。

中國學者至少在公開、正式的中文場合只能與非右翼分子打交道，右翼則是被駁斥的對象，不去直接面對，只能在對方看不見的地方間接地痛罵一頓，「你們的歷史觀有問題，不準確，不道德」。我一直感到疑惑，中方學者爲何不能主動去跟日方右翼分子交流呢？只能跟符合自己價值觀的人交流等於自言自語、自我滿足、自我安慰，對解放思想、開闊視野、提高認識而言，有百害而無一利。但我也知道，這是由中國的國情決定的，並不奇怪。

我只是想提出一點：中國學者在右翼面前能否做到不扮演評論員（commentator），而扮演交流者（communicator）的角色？現狀是，假如一個日本學者的觀點是他們所認爲的右翼，就立刻攻擊，並評價爲退步，另一個日本學者的觀點是他們所認爲的非右翼，就立刻表揚，並評價爲進步。思想交流難道眞的就是這麼簡單的二元結構嗎？

考慮到兩國政治體制、生存環境等深層不同，把交流的對象分成友人和敵人雖可以理解，卻也顯得無可奈何。眞正問題並不是中國和日本之間圍繞歷史認識問題上的接近或分歧，而是中國部分（也許大多數或絕大多數）學者、公共知識分子以及媒體人等所謂「知道分子」們把通常在對外交往上積極使用的友敵區別對待論——從意識形態的角度攻擊或排除持有與自己不同觀點或立場的人群——應用到國內的思想交流上。

以下是我提出這一結論的理由和背景。

這種現象簡直可稱爲「外交內政化」。過去，我只知道「外交是內政的延伸」這一基於歷史經驗的普遍規則，豈知也有「內政是外交的延伸」這一倒過來的邏輯推理。大多數日本右翼分子認爲，「與中國學者討論歷史沒有用，別說中日之間發生的歷史，他們先應該好好學習本國的歷史，去瞭解自己的國家發生了什麼」。大多數中國學者則認爲：「右翼就是不瞭解歷史，以竄改歷史當作飯碗的一小撮敵對分子。說什麼南京大屠殺根本不存在，簡直無恥，連基本事實都不承認，還爲那些數字、細節較勁兒。」

觀點和立場截然相反，兩者之間卻存在著相同點——「交流無用論」，即徹底否定並排除對方觀點和立場存在的理由和背景，並陶醉於自己一方的道德優越感。他們都認爲，跟對方交流是沒用的，不如不交流，浪費時間。這是中日知識界之間交流上的常態，也是病狀。

從去年到今年，類似上面那種「交流無用」的氣氛也瀰漫在中國國內的媒體之間。據我觀察，稍微不客氣地說，右派媒體（改良派：抱著新聞理想，認同全球化，間接、模糊地提倡自由、民主、人權的部分媒體）和左派媒體（嚴厲批評西方對中國的無禮和蔑視，批判「全球化」，抱守中國模式並堅信其生命力和可行性的部分媒體），兩者基本認爲，與對方交流沒有用，彼此互相排斥，極盡攻擊、諷刺之能事，均充滿道德優越感，把自己的觀點和立場視爲顚撲不破的眞理。

我是土生土長的日本人，不管是主觀上還是客觀上，面對二者的紛爭，只能扮演第三者的角色。我在平時的交流或寫作中不排除「右派」，也不排除「左派」，我由衷認爲二者都是瞭解當代中國國情的重要管道。令人欣慰的是，兩者都很熱情地邀請我爲他們寫稿，參加他們主辦的討論會。

我參加「右派」媒體的聚會，只能遇見「右派」人士，沒有「左派」，甚至連中間一點的人士都見不到。他們對現有體制扮演著反對者的角色，在他們眼裡，舊有的體制不符合中國社會發展的利益需求，並使得中國淪爲國際社會的孤兒，必須改變形象。在那個環境裡，想聽到關於現有體制的好話幾乎不可能。

比如，圍繞著中國去年年底在丹麥哥本哈根舉行的聯合國氣候變化會議（COP15）上的表現，這批人言詞激烈地加以批評，認爲是自己的國家不遵守規則。

我參加「左派」媒體的聚會，只能遇見「左派」人士，沒有「右派」，甚至連中間一點的人士都見不到。他們對現有體制抱著充滿自信的態度，在他們眼裡，壞人就是不懂得中國國情、不承認中國對世界發展作出貢獻的西方，認爲中國根本沒有必要屈從西方，主張走自己的路，讓西方去說吧。在那個環境裡，說政府的壞話幾乎不可能。比如，圍繞著在COP15上中國的表現，他們認爲：「中國是會議達成《哥本哈根協議》的最大貢獻國，應該爲此感到自豪，中國是正在發展中的國家，二氧化碳的排放量比西方發達國家多得多是理所當然的，到底誰一直破壞地球環境，不是產業革命以來採取殖民政策、爲自己的繁榮盲目牟利的西方嗎？西方國家先表示承諾，主動減排是應該的，中國沒必要聽他們的話！」

我沒有干涉中國內政的權力，也沒有這個念頭，因此在各種聚會上，只好保持沉默，沒什麼可說的。在我看來，「右派」和「左派」的觀點都是有道理的，也各反映現實政治中存在的現象和問題的一部分。我只是覺得，我們畢竟都是東方人，盡量避免絕對化或極端化的觀點才是表達上的技巧，更是溝通上的藝術。然而，我在那些場合說稍微中立或平衡一點的觀點，就要受到嘲笑：「你被那幫人洗腦了吧？」

兩派人已經把自己的理論和邏輯武裝得相當固定化了，我沒有辦法，也沒有渠道說服他們，就只好順從他們自言自語、自我安慰、自我滿足的宴會氛圍，實際上就是拍馬屁。在「右派」聚會上拍「右派」的馬屁，隨便說說「左派」的缺陷，在「左派」聚會上拍「左派」的馬屁，隨便說說「右派」的漏洞。他們當然很高興，一個外國友人能夠認同自己流派的觀點，並加入其圈子，自然讓他們顯得很得意。其實，我不是認同你們的觀點，是「被」你們逼著認同的，更不是加入你們的圈子，是「被」你們逼著加入的。

不是說具體問題具體分析嗎？就哥本哈根而言，我贊同採取一個標準的做法，同時，我也很贊同西方國家先對減排目標表示相應的承諾，並以行動來支撐自己的承諾。中國政府一貫強調的「共同但有區別的責任」原則是極爲正確的。

令人感到寂寞、悲哀的是，兩大流派之間幾乎沒有人員、觀點、思想上的交流。前者聚會上沒有後者的影子，後者聚會上沒有前者的影子。

在中國，輿論環境客觀上沒有取得高度的開放和自由，其言論環境仍未成熟，頗有發展空間的階段之下，知識分子的觀點已經明顯形成「左」和「右」兩大流派，兩者之間卻嚴重缺乏交流，甚至相互排斥，我認爲，如果長此下去，後果不堪設想。

關於北京奧運的私人紀錄

「兩年後的今天，北京會變成什麼樣子呢？」

「我哪裡知道？但政府一定會辦好該辦的，控制好該控制的。你放心。」

「哦，中國必須在這個時候辦奧運嗎？許多人士認爲中國辦奧運過早。」

「舉辦奧運早晚是中國的必經之路。因爲，我們在發展。」

「明白。但有代價啊。北京變了，城市失去了原味兒，老北京失去了傳統的生活空間。政府越蓋高樓，老百姓的房子就越被拆遷。」

「一切都是爲了奧運。」

……

我還清楚地記得，二〇〇六年的七月十二日，我跟一位中國奧組委的幹部一起路過正在建設中的鳥巢，自然地展開了上述這段對話。

二〇〇一年七月，北京申奧成功給中國政府帶來的是方向，給中國人民帶來的是希望。方向加希望等於中國面向未來、謀求發展的動力。

我二〇〇三年第一次來到北京，一直渴望能與北京共同成長。現在回顧起來，北京的進步給我提供的始終是機會。觀察變化中的北京，思考發展中的北京，描寫矛盾中的北京，都是我人生中必不可少的財富。在奧運即將到來的時候，我跟北京人一樣很平靜，抱著好奇心，迎接即將到來的奧運會。

自二〇〇八年七月二十日開始，北京城正式進入奧運期。

記得奧運前夕的天氣每天都很炎熱，感覺不是一般的熱。據說原因跟很長一段時間以來持續不斷的大雨不無關係。下了大雨後，天變得更熱，是自然規律。

我當時很擔心，來自各國的運動員屆時將如何克服天氣障礙、盡量防止體力消耗、發揮出自己的潛能？據氣象局預報，八月八日開幕式的那一天是晴天。但奧運期間其他日子天氣如何，還是一個未知數。從我這個前長跑運動員的角度看，至少對室外項目（尤其是長跑等體力消耗大的項目）來說，炎熱不如下雨。

當然，既沒有太陽、也不下雨的涼快天氣最爲理想，但從實際情況來看，整個奧運期間都是這樣的天氣似乎不太可能。所以，選手、志願者、觀衆們都要設法保重身體，照顧好自己。

「唉，師傅，又堵車啊。有沒有辦法啊？我很著急呢！」

「別著急！二十號以後就會好的！路上會空空的！」

根據二〇〇八年奧運會、殘奧會期間北京市交通保障方案，七月二十日至九月二十日期間，政府將對北京市機動車輛和外地來京車輛實行單雙號限行措施。政府還要求，在那兩個月期間，北京市各單位實行錯時上下班。上述這些措施，對北京擁擠的交通體系來說，是一種福音。從交通順暢、降低空氣汙染、保護環境等方面來看都是利多，也符合綠色奧運的精神。不過，與此同時，這些措施也會給城市的正常運作、北京市民的正常生活帶來不便，無論對開車上班族來說，還是對公交地鐵族來說，都會帶來影響。只有計程車司機例外，屬於少數的受益者。老百姓如何度過這段不尋常的日子？政府又如何應對這種不尋常所帶來的不確定？

我的母校北京大學也爲奧運「封校」了。七月二十一日至九月十八日，北大停止接待遊人參觀校園，對出入校園的人員（含計程車乘客）查驗證件。機動車憑保衛部印發的北大車輛通行證可進出西側門、東北門，進出南門則須憑競賽場館通行證，無有效通行證的機動車一般不得進入校園。奧運會、殘奧會期間，乒乓球比賽將在北大體育館舉行，馬拉松比賽也將穿過北大校園。在這個意義上，政府對北大校園的管制也可以理解。奧運期間，我本人繼續住在北大校園裡，我的宿舍靠未名湖，離乒乓球館有一段距離。我曾悄悄期望過奧運期間我的宿舍周圍是安靜的，我的期望也有自己的合理性：因爲，大學本質上畢竟不是政治或競賽場所，而是學習和學術場所。

事實上，整個奧運期間，我期待的安靜根本上是一種奢望。雖然有些不滿，但最後也想通了。我又想起了那位中國奧組委幹部的話：「一切都是爲了奧運。」是的，那些措施似乎都是爲了奧運：反恐措施、停止施工、限制進京、進京繞道、車輛限行、錯峰上班、查暫住證、地鐵安檢、手術暫緩、招聘暫停、全國限塑、民航禁液、郵政禁寄……一切爲了奧運，其實也可以理解爲：一切爲了不出事。對出事的擔憂已經達到高度敏感的程度。

對中國政府來說，奧運會畢竟是一次在國內凝聚民族精神、在國際展現國家力量的機會，是一次千載難逢的機遇。

從另外一個角度看，奧運會也是政府與人民、國內與國外之間不斷調適利害關係的一個特殊的契機。

有一天，我在朝陽公園附近隨便溜達，不知不覺地走到了一個神祕的地方。這地方叫「北豆各莊」，整個村莊的氣氛似乎完全獨立於繁忙中的北京，我有一種走到外地縣城的感覺。居住在這條街上的老百姓大部分是從河南、四川等地來的農民工，他們的生活方式原始而樸素。那裡的居民很講究鄰里間的人際關係，在艱苦的環境裡互相幫助，共同謀生。我跟其中的一些人成爲了朋友，大家一起邊喝著北京二鍋頭邊聊天。

「在北京生活得怎麼樣？」

「找工作難啊，生活很不容易。」

「爲什麼要來北京打工呢？」

「賺錢嘛！孩子們要上學啊！」

「你們奧運期間做什麼？」

「我們所有的工作，蓋樓、裝修，都要停了。要維護奧運形象嘛！」
「你們不工作了？那還要留在北京嗎？」
「沒工作了。這條街的所有店也被關了。回老家也沒地種，浪費路費。只能發呆幾個月。等奧運完了再找工作唄。」
「什麼時候開始停工？」
「七月二十號。」
北京作爲具有中國特色的大城市，有許多平時不被關注的角落。而「後七・二〇」階段，那裡的居民將體驗一種全新的、比較緊張的、有秩序的、不方便的生活。特別是外地來京謀生的人員，他們將怎麼生活，政府又如何化解居民的不便，是一個値得留意的問題。無論民間的普通人說了什麼，我都會把他們表達出的眞誠銘刻在心中。他們與我一樣，從「外面」來到北京，至今依然徘徊著、奮鬥著、尋找著。我和他們之間特別有同感。
奧運前夕的有一天，我跟一位在北京生活十多年的日本餐廳老闆見面聊天。他唉聲歎氣地說：「唉，七月底以來，客人減少了很多，至少減了一半呢！利潤降低就沒法支撐正常的營業，我手裡的兩家店中，一家已經停業，另一家也正在考慮中。九月二十號後再說吧！」
另外一天，我又跟一位在北京生活五年多的日本餐廳老闆兼時尚酒吧高級員工聊天，他唉聲歎氣說：「上一次，我在餐廳裡與平時一般指導員工，突然幾個公安進來，要求檢察丙烷氣和其他器材的情況，結果我被罰了五千元，他們也沒有明確說出理由。只是說，你們店的情況不合乎規定。」

再過幾天，我在後海附近溜達，走到小賣部，跟一位男老闆聊天，我問他最近生意如何。他很激動地回答說：「眞沒有客人，偶爾有外國的遊客，除了周圍熟悉的朋友們外，幾乎沒有本地的客人。哎，哥們兒，你能不能多買一點啊？」盛情難卻，我不得不在小賣部消費了一百元。

之前，我跟一位在華外資酒店的老闆用餐，她給我解釋了目前酒店面臨的特殊情況。她說：「六月到八月奧運開幕式前眞沒有客人，房間是空空的，只好降價。本來我們以爲奧運前能拉到很多客人，當作商機，結果竟然不是。」

其實，那段時間，類似的情況非常多。其實很正常，政府對交通、商業經營、上班時間及出入境等的嚴格管理和限制，使北京的人員流動比原來緩慢了很多，這無疑會影響到服務業。

關於交通管制措施，據我觀察，單雙號制並沒有帶來交通體系的根本緩和，奧運車道的設置似乎反而加劇了堵車。當然，政府通過設置奧運車道給奧運會的順利舉行提供了便利，這是完全可以理解的。不過，值得探討的是，這項措施是否開始得太早？許多車主或市民對此感到壓力呢！

七月十九日至二十一日，我參與了一些跟奧運有關的工作，下面是這幾天中的日記，抄下來和大家分享：

七月十九日

晚上十點鐘，我在天通苑，先坐五號線，到惠新西街南口站換乘剛剛開通不到二十四小時的十號線，坐到蘇州街站，走路回到北京大學。北京地鐵新的三條線同時開通了。北京市民一直盼望的這一天，終於到來了。

七月二十日

早上九點鐘，我跟幾個朋友集合，坐著雙號牌的機動車，往城裡趕。除了出租車、公車外，我沒有看到單號牌的車。單雙號限行措施終於開始了。雖然沒有我想像的暢通，中關村、德勝門等處依然比較擁堵，限行政策並不必然改善車主們的開車水準和素質，還是比較混亂，不夠有序。但是，車子數量確實少了，堵車比平時還是緩和了很多。

晚上八點鐘，我在城裡跟幾個日本的媒體朋友吃飯。他們此次到北京出差，專門考察市內奧運場館的情況，為奧運期間的採訪、報導進行準備。他們似乎不太滿意的樣子，抱怨說：「我們開車，想盡量離鳥巢近一些，但遭到員警的阻止，問他理由，問他該怎麼繞行，員警卻始終沒理我們。」最近，許多海外媒體已經紛紛到北京爲即將開始的奧運報導工作做準備，在我看來，那些外國媒體人對北京的採訪環境並不那麼適應，還有些不滿。

七月二十一日

早上十點鐘，我接到母親的電話。在閒聊的過程中，她多次提到北京奧運。她通過媒體報導瞭解到北京交通限行這一措施，地鐵新三條開通等消息，我感到，母親是開心的，因爲她的兒子住在北京嘛。「最近，到處都是北京奧運的消息了呢！」通過媒體的報導，日本國民對中國的認識似乎也進入奧運階段了。

我估計，北京奧運會期間，除了比賽的報導外，日本媒體將同樣，甚至更加關注北京奧運背後隱藏的各種各樣的社會現象，並加大報導力度。

晚上八點鐘，我在北大周圍找了家餐館用餐。突然發現，我常常路過的西南門和西側門都不能走，已經封鎖，只好走到離宿舍遠一點的西門。吃完飯回來時，我又發現自己忘了帶學生證，我向保安解釋自己是北大學生，住在哪個宿舍等，好說歹說，保安就是不讓我進。我只好讓學弟拿著證件到西門接我，還要辦登記手續呢。校園裡，尤其是馬拉松跑道沿線與乒乓球場館附近，奧運有關的標誌、宣傳牌大大增加了。那些牌子使得我不得不想，奧運還眞不是一場單純的體育賽事那麼簡單。

自從二〇〇八年七月底開始，日本媒體就爲奧運報導陸續來到北京。畢竟是正在崛起中的鄰國主辦的奧運會，各媒體都很重視，僅《朝日新聞》一家就派出了差不多一百名記者。

很快，日本新聞工作者對「新北京」就有了非常直接的感受。

第一次來京採訪的某電視台攝影師興奮地說：「北京原來是這麼發達，住的、吃的、玩的，跟東京沒什麼不同，就是什麼都很大！」三年前來過北京的某報社記者則說：「北京比原來漂亮了、整齊了，餐廳服務員態度比原來好了，大家似乎也比原來文明了一些。」

據我觀察，那次從日本專門來京採訪的人對今天的北京或者北京的變化大多表示了肯定，都覺得城市借奧運東風改變面貌是件好事。

而平時居住在北京的駐京特派記者們則持有略爲不同的態度。某報社的北京支局長認爲，這屆奧運會改變的範圍僅限於北京，而非全中國。接觸中國很長時間的「中國通」記者則唉聲歎氣說，一些北京傳統的街道、胡同、四合院等被拆遷了，「過去的北京更有人情味兒，令人懷念。」

不過感觸歸感觸，懷念歸懷念，工作歸工作。無論是奧運報導隊伍還是駐京特派員，大家都得面對現實的任務，即做好奧運報導。

日本媒體的奧運報導主要分成兩塊：一是關於奧運會本身，包括開幕式、體育比賽以及閉幕式等的報導，其比重占到報導總量的百分之九十以上；另一塊是關於奧運背後的故事或事件，或者說是奧運主辦城市和周邊城市的報導。一家電視台的導演告訴我說：「我們怎麼選題、怎樣報導都取決於觀衆的喜好。奧運報導也跟平時在本國的報導一樣，滿足觀衆的需求永遠是絕對第一位的。」

日本國民熱愛觀看體育比賽。八月十二日早上各家報紙的封面幾乎都是關於日本選手北島康介獲得男子蛙泳一百公尺比賽冠軍並打破世界紀錄的報導。與中國一樣，只要本國選手取得好成績或表現突出，各電視台和報社都會去密切跟蹤、集中報導。

另外一面，奧運背後的故事競爭也很激烈。近年以來，「中國問題」在日本輿論界是最有賣點的題材之一，中國因素則普遍被認爲是影響日本未來對外走向的重中之重。再加上北京奧運會，讀者和觀衆對中國的關注更達到前所未有的程度。比如，八月四日，當新疆喀什發生了暴力襲擊事件後，大部分日本媒體都報導了，用了「奧運前夕的中國遭到了恐怖主義行爲」之類的醒目標題。中國在奧運期間如何應對恐怖主義威脅，一直是日本受衆很感興趣的「幕後」話題之一。

另有一部分日本媒體人似乎看得更遠一些。一名駐京特派記者對我說：「開幕式確實很厲害，北京至今也沒有發生什麼嚴重的安全問題，這是非常值得肯定的。不過，更關鍵的是，奧運結束後，北京的交通依然順通嗎？空氣依然乾淨嗎？市民依然禮貌嗎？城市依然有序嗎？後奧運時代將眞正考驗北京。」

一位電視台的時事評論員在用餐時對我解釋說：「中國領導人始終冷靜看待奧運前後的現實，也很理解關鍵在於如何處理好後奧運的各種問題。東京一九六四年辦完奧運會後，接著大概二十年的時間裡遇到過公害、能源短缺、人口集中、與美國的經濟摩擦、日圓升值等問題，但它們幾乎是一個一個而來的，所以日本在冷戰這一相對穩定的形勢下，有序處理了那些問題，雖然泡沫最終破裂，經歷了失去的十年。但中國面臨的國內外形勢更爲嚴峻，它必須在很短的時間內處理經濟摩擦、金融體系、環境保護、能源問題、對外關係、社會穩定、政治體制等衆多問題，任務十分艱巨。」

我對兩位日本資深媒體人的觀察與判斷表示認同。辦好奧運對崛起的大國來說並不十分困難。中國人面對的眞正挑戰在於：下一步怎麼辦？中國要走的路還很長，奧運只能是過程，而不是終點。

下面是對我來說具有紀念意義的二〇〇八年八月八日的日記：

> 二〇〇八年八月八日，我以特別的心情度過了這一天。還記得二十四小時中的每一刻想過什麼，做過什麼。現在回想，我二〇〇三年決定到中國留學時，北京奧運會是一個重要的影響因素。雖然當時的我沒法正面思考或準確解釋中國舉辦奧運會的微觀、

宏觀意義究竟何在，但應該說，沒有北京奧運這一概念，也許，我最終不會選擇來中國。北京奧運對當年還未高中畢業的加藤少年來說，是有神祕的吸引力的。

二〇〇三年至二〇〇八年，我親身感受、觀察、思考北京乃至整個中國的方方面面，有變的，也有沒變的。高樓大廈等基礎設施不斷增加，人們的公民意識逐步提升。「北京與奧運同行」，這是一定程度上的事實。而北京的每一種變和不變都給我帶來深刻的思考，「解釋北京」已經成爲我在華生活的基本習慣。

此次奧運會，我也給國內外，尤其是日本的媒體做點事。今天上午，我到北辰五洲大酒店，跟日本電視台資深評論員聊天，爲接下來的採訪等做好準備。十點多，鳥巢附近已經有嚴格的交通管制，就只好中途下車，走過去。開完會，吃完飯後，大概下午二點，我走出來，卻走不出去，又遇到了另一種管制，只好繞了半個小時，終於走出了北辰地區。不過，此時此刻，親身感受爲保障奧運而布置的各種管制與限制措施，內心還是非常平靜甚至欣慰的，這說明奧運保障機制都運轉起來了。當然，同時我也認爲，具體落實管制措施的員警的態度非常有待改善，但在此特殊時期，我可以對他們工作中表現出來的不盡如人意表示理解與忍耐，主動爲奧運的成功舉辦提供便利的人民的偉大，絕對不能忽視，也許，眞正的英雄永遠是人民。

晚上，我通過電視轉播看了開幕式，不知道爲什麼，心裡有些激動。我自認平時不太愛激動，能夠處變不驚，能夠以平常心過日子、看待現實、處理問題。但此次還是難以控制情緒了。開幕式充滿著「有特色、高水準」，張藝謀總導演所提供的開幕式藝術帶給我莫大的享受，相信無論是現場的還是非現場的觀衆，看過這場開幕式的所有朋友都會感受到，什麼是中國人的夢想，什麼是中國的傳統文化，什麼是今天的中國，什麼是未來的中國。莎拉·布萊曼和劉歡一起演唱的主題歌〈我和你〉非常精采，讓人感受到奧運的聖潔，並給人帶來了奇妙的安詳之感。

原來從事過專業運動的我，看到運動員入場那些畫面，心情有些複雜。不過，還是興奮占了上風。日本隊選手入場時，每個人的手裡都同時拿著日本和中國的國旗，體現出中日共勉的精神。看到這一幕，我眞的、眞的、眞的很高興！

作爲中日關係的觀察者，我由衷認爲，中日兩國人民需要類似的精神。瞭解對方是一種態度，和而不同則是一種寬容。相信，中日兩國關係的未來發展是積極的。

聖火點燃了。開幕式結束了。奧運正式進入狀態了。我現在還一邊看CCTV奧運的節目，一邊思考北京奧運接下來將會是什麼樣子。很享受這種狀態，思維還是一種樂趣，此時此刻，更是如此。作爲現實的批判主義者，我必須對奧運期間中國或世界所遇到的各種各樣的問題進行思考與批評，目的是爲了做得更好，爲了發展，但同時我發自內心地希望北京奧運能夠平平安安地進行，平平安安地落幕，能夠爲中國人現代意識的提升，爲世界人民瞭解中國，爲中國與世界間心連心的溝通奠定獨一無二的基礎。這是我的心裡話。

觀察北京奧運對我來說在某種意義上是北京留學生活的一種總結，我會做好準備，走好下一步。祝願北京奧運會取得圓滿成功，全世界人民平安、幸福。

作爲一個在華的中日關係觀察者，奧運會開幕式有兩個「細節」讓我銘刻在心。

較早入場的日本代表團的旗手是在中日兩國都很有人氣的乒乓球選手福原愛，她曾經在中國東北接受乒乓球訓練，能說一口流利的普通話和道地的東北話。

日本組織者將北京奧運會開幕式旗手的任務交給福原愛，這事本身的確是中日所有奧運愛好者所願意看到的。正在早稻田大學讀書的福原愛在自己所熟悉、熱愛的中國土地上，充分而得體地表現出自己的個性魅力，大家有目共睹，相信中日兩國觀衆一定會更喜歡她。而我認爲，像福原愛那樣的個人魅力、個人作用今後對中日關係將更重要，是一種切實的影響深遠的力量。

日本代表團此次是拿著中國和日本兩國的國旗入場，跟賽場內的觀衆們交流的。奧運開幕式是全世界愛好和平的人們都密切關注的盛典。在那個大舞台上，這個表現絕對不同尋常。它傳達了一種心願：中日兩國人民能夠共同享受奧運氛圍，並以此爲契機促進相互理解和信任；中日兩國能夠共同攜手解決矛盾，面向未來，在我看來，三個「共同」折射出的正是本著和平宗旨的奧運精神。

這件事本身很不容易。大家都知道，中日關係經歷過不少風雨和曲折，而讓選手們拿著中日兩國的國旗入場，這一決定也應該經歷過不少思考與探討。對於中日共同事業，來自兩國國內的這樣那樣的壓力可想而知，尤其是所謂對對方強硬、保守的勢力看到此事後將表示質疑。風險在兩國是隨處可見的。但無論如何，我們看到了中日共同的夢想。福田康夫首相也到現場捧場。我的很多中國和日本朋友也都看到了日本代表團的表現。大家如何看待那一場面呢？

親身感受過中日關係艱難發展的我對此不能不感慨萬千，我從中看到了一種可能性：具有跨越時空意義的中日關係，今後會走到何處？至少中日國旗同時同地出現在開幕式現場的奇蹟告訴我：一切良好的發展都有可能。

開幕式結束後的第二天，八月九日，我在離鳥巢不遠的地方見到了剛剛完成了歷史性任務的張藝謀，我陪幾個媒體人一起對他進行了獨家採訪。張藝謀一向是我最想瞭解的人之一。他的出身、經歷、自信、苦惱、信念、長處、短處，我都感興趣。雖然時間很短，但畢竟是難得的機會，我心理上有所準備，因此並沒有感到緊張。以平常心面對每一個人是我做人的原則。在面臨人際交往時，我很重視對他者的「第一印象」。我與別人接觸時特別注意觀察對方的眼睛、眼神。

張藝謀給我的第一印象有三個：氣質很穩重，做人很樸素，做事很踏實。他進屋的那一刻，表現得很樸素。氣質倒是很明顯的，既有紳士的風格，也有藝術家的感覺。當時，我是感到他面對著壓力的，因爲我能理解他所承擔的使命是多麼的重大。只是他表面上並沒有表現出壓力的感覺，做大事的人往往不會輕易表露自己的情緒，張藝謀也是這樣吧！

當時，張藝謀顯得很疲倦，一看就是缺乏睡眠，就是經過了長時間的緊張和忙碌過來的。但他的眼睛是純美的，同時顯得很穩重，很有力量，很有讓人安心的感覺，非常神奇。

張藝謀的表現很低調，不張揚，卻有著自己的底氣。張藝謀說話不著急，一邊問自己，一邊說想法，從他口中說出來的每一句話似乎都有特別的含義。他說話也有獨特的節奏感，所以溝通起來很有感覺，也很舒服。他不霸道，尊重聽者的感受，卻又能主導對話。

張藝謀說話不快，但思路很清晰，反應很敏捷。他的語氣很慢，但對於對方提出的問題或疑問，能立刻做出反應，停頓一瞬間，便能整理思路，有節奏、有邏輯地闡述自己的觀點。

我自認爲，他的這種能力，我是不具備的。

張藝謀胸有成竹，對外界的輿論有自己的基本判斷，對自我的藝術構思有清醒的整體分析。他是不怕任何批評或不同意見的。因爲，他明白世界充滿多元性和不確定性，所以完全說服別人認同自己的風格本身不可能，只能盡量表達自己。之所以能夠有節奏、有風格地回答我們提出來的問題，是因爲他的積累、他的思考、他的經驗。他對自己應該很有信心。

張藝謀看過去很客觀，看今天很現實，看未來很樂觀。談到中國過去「文革」等政治風波，他坦率地採取反思的態度。談到今天的中國，他很現實地看到當今中國所面臨的一系列問題，也表示關注和擔憂。不過，談到未來，他保持比較樂觀的態度，相信中華民族的生命力和智慧。

總之，張藝謀光而不耀。張藝謀如今生活在光環中，這是誰都不否認的。但他不張揚，善自持，知道如何自律，爲的是更客觀地表達自己、創造藝術、推進發展。張藝謀的任務已經超出了一個人群、一個單位、一個國度的範圍，因此他努力去做好自己。張藝謀扮演社會人的態度，值得我們學習。以下是剛剛結束開幕式後的張藝謀的部分「語錄」：

「我有壓力，但要保持平常心。」

「我睡得很少，但同事們也這樣，沒問題。」

「我做的是藝術創作，不在意外界的批評。」

「今天中國的發展與自古以來的東西息息相關，是一貫的。」

「我自己做決定，追求完美。」

「我們不需要你是外國人，我是中國人，這樣來分，大家都是一家人。」

「希望我們能夠向全世界傳遞中國的願望……」

八月十三日下午，我在國貿附近跑步，中途路過大望路、四惠、朝陽公園、三里屯，最終回到國貿。跑步的感覺不太好，身體有些重，狀態有待改進，雖然北京的空氣比原來好了一些，路也寬了一些，人也文明了一些。

前專業長跑運動員，參加過全國大賽的，由於受傷等原因十七歲時退役的我，至今一直很後悔，爲自己當年沒有做好的情況下就選擇退役而後悔，無論有多少可以爲自己開脫的理由。我的這種後悔，在近距離觀看奧運的時候，達到了頂點。

那天跑步時，多次有日本記者和遊客跟我打招呼，原因應該跟我穿的襯衫有關。我那天穿的是當年從事專業訓練時穿的專業運動襯衫（那天我並不是刻意選擇這件襯衫，我向來是抓到什麼就穿什麼，但也許那天是潛意識起了作用，選擇了這件服裝），襯衫上的那個LOGO在日本很有名，幾乎所有人都知道。而此次奧運會男子馬拉松三位日本選手中，有兩個人是我的前輩，前輩們也曾經穿過這種襯衫，也許這次也帶過來了。在路上，記者或遊客或許把我當成了那兩位代表中的一個了。說實話，被打招呼時，心情相當複雜而沮喪。

我一直很後悔自己退役那一刻的選擇。每天看奧運，偶爾參與媒體工作，去場館看比賽。作爲日本公民，日本選手取得好成績，我應該感到自豪，或者表示祝賀。我由衷感到自豪，也表示祝賀，但更加直率的感受是對那些生龍活虎的運動員的嫉妒和對自己的憤怒。我看到中國選手精采表現的時候，也有同樣的感覺。不分國籍，只要奧運選手們表現得很精采，我就嫉妒他們，憎恨自己。

也許，這種感受很正常。我一直以運動員的精神做事、做人，這將是一生的堅持。

我很懷念過去每天訓練的日子。如果上帝允許我回到那些日子，與小時候一樣追求參加和平盛典的奧運會，該有多麼純粹，多麼美好！我面臨的是另一種現實。我不知道現實對不對，也不知道我對不對，但現實告訴我只有前進。

我已經不是專業運動員了，還有什麼理由每天都跑步？慢跑有什麼用呢？是爲了健康還是爲了安慰自己？我有時候在尋找理由。現在，任何理由對我來說都似乎沒有什麼意義了。

跑完步後，打開電視，看北京奧運會的比賽。我發自內心地向自己發問：

「如果你還能有第二個人生，你想做什麼？」

「我做運動員，追求奧運。」

八月二十四日，北京奧運會的最後一天，早上看了男子馬拉松比賽。之前猶豫了一下，我要到街上看比賽還是電視上看？如果想享受現場氣氛，就應該到街上，如果想觀察、分析整個比賽動態的話就應該電視上看。居住在北京，曾經是前長跑運動員，並已退役的自己，最後選擇了電視上看，自己對長跑的專業精神戰勝了北京居住者地利優勢的誘惑。

我就站在專業的角度回顧並分析一下男子馬拉松比賽的過程與結果。

我的觀點是：男子馬拉松眞正進入了高速化時代。

那天早上的氣溫二十一度，最後鳥巢氣溫上升到二十九度左右。這一高溫對馬拉松比賽來說是相當不利的。一般來說，冬季馬拉松與夏季馬拉松之間有差別。冬季一般是追求紀錄，因爲很涼快，有利於快跑，大家一般在冬天比賽上突破自己的最高紀錄。夏天則追求勝利，因爲天熱，不利於快跑更考驗運動員的耐力。在夏季馬拉松（一般是重大比賽）上，大家一般不像冬天那樣追求絕對速度，而更多是以發揮耐力、體力、毅力，戰勝對手爲目標。

夏天的馬拉松對人類來講是很嚴酷的，對身體的傷害也很大，跑馬拉松的選手甚至會縮短壽命的，運動員爲了這項運動，是要付出高昂代價的。那麼，在北京奧運會男子馬拉松比賽中，選手們身體的負擔應該更大。因爲剛開始就進入高速度的比賽（最初的五公里爲十五分鐘以內），許多人經受不住這種競爭，選擇了中途退賽，包括冠軍呼聲很高的選手。

奪得金牌的是來自肯亞的Samuel Wansiru。我們日本人對他很熟悉。Sam十五歲就到日本，在日本上高中，我也跟他一起跑過步。畢業後去「豐田九州」（Toyota Kyusyu）當職業長跑運動員。Sam這次的成績爲二小時六分三十二秒，突破了原來的奧運紀錄（二小時九分二十一秒），不僅突破，突破了三分鐘左右。我不知大家怎麼理解這個數字。在我看來，這個數字根本性地改變了奧運馬拉松史，甚至人類馬拉松史。到二〇〇八年八月二十四日爲止，男子馬拉松的世界紀錄爲二小時四分二十六秒，這是德國柏林秋天馬拉松賽上（九月二十七日）的紀錄，所謂厲害的紀錄基本上都是冬季馬拉松的結果。而此次Sam在勝利比創紀錄更重要的夏季奧運馬拉松比賽中，既取得了勝利又創造了紀錄，其意義非同尋常。

我還不好預測今後的男子馬拉松如何發展，不過至少可以肯定的是，奧運盛典上Sam的跑法將改變人類對馬拉松的認識和理解。男子馬拉松將眞正進入高速化時代。

不過，唯一可以肯定，永遠不會改變的是，對賽程四十二．一九五公里的馬拉松運動來說，戰勝自己對運動員來說，永遠是第一位的。無論是夏季、冬季，創紀錄還是爭勝利，最重要的還是自我，是自己奮鬥的過程。戰勝自己也許是我們每一個人在生活上、人生道路上都無法迴避的話題。

二十一歲的Samuel Wansiru戰勝了自己，爲自己的人生寫就了輝煌的一頁。我由衷祝賀Sam取得奧運冠軍：

> 比賽結束後，我看了你用日語接受的採訪。我還記得你剛來日本的時候，不會日語，遇到困難的情景，我不知你走到今天究竟克服了多少困難。你的日語已經很好了，在剛跑完全程疲倦不堪的狀態下，你的表達很道地，發音很標準，思路很清晰，我忍不住就流眼淚了，這一刻我會永遠銘刻在心中。謝謝你給我帶來的感動和鼓勵，我發自內心爲你感到驕傲。
>
> 祝願你今後身體健康，萬事如意，跑步快樂！

何謂「中國崛起」？

二〇〇九年的中國給我留下最深印象的有兩個看起來很普通的辭彙：一個是「被」，另一個是「不折騰」。它們原先就存在，大家也經常有意無意中加以使用。

但使其超越字典範疇和平常意義，成爲明星辭彙的是二〇〇九年以後。「被」和「不折騰」兩個大概念的歷史性登場正是在特殊的政治體制、經濟發展和社會轉型的環境下，中國人積極主動、實事求是「折騰」出來的結果。因此，它們的價値才變得如此之大。

因工作關係，我經常給包括日本人在內的外國人解釋中國事務。圍繞「中國人與二〇〇九」的話題，也討論過很多次。「被」和「不折騰」則是個切入點。問題是，我實在無法用一個精確的翻譯去讓老外們理解什麼是「被」，什麼是「不折騰」。對於當代中國來說，翻譯的重要性和迫切性史無前例。它是國際文化交流不可或缺的要件。今天新華書店裡充滿著經過翻譯的海外各類著作，中國人從中獲取營養，吸取教訓。但翻譯畢竟是翻譯，就像日本人看完中文著作的日文版（雖然很少）也不能說眞正瞭解、體會中國一樣，翻譯有它的局限性。

爲了說明問題，我只好拿出具體的案例，以句子或者例子的方式讓他們體會這兩個簡單而複雜的概念。例如，「中國老百姓深受轉型中大環境的影響，看病，就業，買房，一個都不容易，要經過很複雜的談判和博弈才能完成一件事，有時甚至無法由自身的意志、能力和條件去改變現實，他們的被動境遇就令人感到前所未有的恐懼」；「中國領導人認爲，國家受到全球化和信息化時代的直接影響，中國從二〇〇八年到二〇〇九年又面臨著許多問題和困難：西藏暴亂、聖火受阻、四川地震、北京奧運、金融危機、六十大慶、蟻族出現、環保壓力、貨幣升値、經濟衰退等等，在此背景下，黨和政府的核心命題是『社會要穩定』，核心目的是『民衆要有信心』。『不折騰』反映的是領導人對人民的交代和對未來的決心」。

「無法翻譯」說明，它們是中國本土化的概念，換句話來說，是「中國特色」的產物。筆者最近發現，不管是政府宣傳，企業公關還是個人發展，今天我們需要扮演的是全球化（globalization）加本土化（localization），即「全土化（glocalization）」的角色，既需要立足於本土——入鄉隨俗，也需要適應於全球——國際戰略。那麼，中國人如何把中國特色的抽象化概念以外國人可理解、可接受的方式傳播出去，這是重中之重。我經常思考一個問題：老外不懂中國是誰的錯？

討論中國二〇〇九時，許多專家、學者提出一個觀點，即「中國人的想像力得到了空前的提高，並被發揮到極致」。這點跟網際網路的發達、普及密不可分。數量超過美國總人口的中國線民，在虛擬空間發揮想像力，碰撞出思想的火花，從中激發出了許多前所未有的智慧。「不差錢」、「躲貓貓」、「圍脖」、「釣魚」、「偷菜」等等，都不是自上而下的安排和灌輸，而是自下而上的發明和創造。

我完全同意那些專家、學者們的觀察和結論。「被」和「不折騰」是具有時代性和代表性的。前者代表的是民間對現實的批判，後者代表的則是官方對未來的決心。而我認爲，這兩者能夠在同一時期「被」發明推廣，二者並存，意味著中國眞的進步了。政府深知老百姓承受的壓力和困難之大，所以默認了「被」這一極端政治化之語言的存在。老百姓深知政府承受的壓力和困難之大，所以接受了「不折騰」這一極端平民化之語言的合理價値。平民使用高度政治化的語言向政府釋放不滿情緒，政府使用高度平民化的語言向平民傳達自己的決心和理念，在我看來，這是非常有新意的。這在過去的政治語境中是很難想像的。我們應該以進取的精神去看待，並推進正在政府與平民之間發生的、微妙而敏感的互動。

二〇〇九年也是國內外有識之士對「中國模式」的討論達到高潮的一年。背景無非是以美國次貸危機和著名投資銀行雷曼兄弟的破產爲由頭，覆蓋全球的經濟—金融危機的蔓延和深化的現實。中國也不可避免地受到了影響。出口下降到擴大內需，就業率降低到失業率上升，民工提前返鄉到「民工荒」，社會保障不健全到個人消費的停滯，國有企業壟斷到中小企業倒閉……百年一遇的金融危機第一次眞正使得中國政府和人民體會到什麼是全球化，使他們認識到，中國的發展離不開世界，中國也無法自外於世界性的危機，只能與世界榮辱與共，同舟共濟。

根據歷史的經驗，世界每次遇到危機的時候，最大的受益者似乎總是學者。學者趁機更新知識和觀念，分析危機發生的因果關係，建立新的理論體系。那麼，如今大家討論最多的是美國模式的缺陷和局限。全世界政府和人民都贊同，次貸危機也好，雷曼破產也好，都是美國過多放任資本、過高評價市場功能的結果。隨之而來的是對政府如何在國際合作的前提下，以干預或調停的方式去救市的爭論。政治與經濟的關係、政府與市場的關係、資本與道德的關係、金融與哲學的關係、人類與自然的關係……對於這些關係，人類的反思和探究還會繼續下去。中國人說得特別精確：危機是「危」中有「機」的意思，是個「把壞事變成好事」的過程。在這裡，中國人的想像力又得到了充分的發揮。中國將逐步成爲新知識的生產者和輸出者。

冷戰的結束，一方面蘇聯解體，另一方面社會主義走向低潮。一個超級大國的解體是無法否認的證據，使得人們開始懷疑社會主義的生命力和可行性。社會主義在低潮中走了二十年，在二〇〇九年似乎終於迎來了春天。金融危機發生之後，大家開始全面或部分懷疑、警惕資本主義的同時，無論是紐約、東京、倫敦還是北京，書店裡邊暢銷的圖書中，再次出現馬克思的《資本論》，大家重新學習的則是凱恩斯經濟學。前者全面分析資本主義的發展過程，證明資本主義的發展必然導向社會主義革命和無產階級的專政。後者則是整個資本主義世界在經歷了長達四年之久的大危機後，又陷入了三〇年代大蕭條後的直接產物。不難猜測，在蘇聯已經瓦解近二十年後的今天，對於資本主義相對的衰退以及社會主義相對的復甦，最感到驕傲的無疑應當是中國人。

中國共產黨把中國的發展現狀定義爲「社會主義初級階段」。中國正在走社會主義市場經濟的道路。社會主義市場經濟是獨特的提法，是史無前例的創造。

根據以往的常識，社會主義和市場經濟是相對立的。從經濟體制看，市場經濟與資本主義或自由主義相互匹配，與社會主義匹配的則是計畫經濟。中國確實以自己的取捨證明過這一點。中國今天所面臨的問題也是特殊的。歷史、政治、經濟、社會、文化、思想、未來……無論從什麼角度看，「中國問題」（China issue）或「中國因素」（China factor）相當特殊。總之，中國現階段的特殊性毫無疑問。

很出乎意料，在金融危機發生之後，我本來以爲，中國要趁機抓住機會，向國內外大力宣傳社會主義的偉大勝利，攻擊美國等平時這樣那樣批評中國體制的西方國家，向自己的人民大力宣傳社會主義制度的無比優越性。但結果，這一切並不突出，幾乎沒有聽到哪一個中國媒體將重心集中在社會主義和資本主義的二元對立上，也沒有出現這是社會主義的偉大勝利的論斷。這些現象究竟說明了什麼？

只能得出一個基本而初步的結論：中國不願意被西方發達國家視爲另類，就是中國正在證明自己不是國際社會上的另類。冷戰的結束導致意識形態之爭爲中心的時代走向終結，世界走向圍繞國家利益而展開合作與競爭的時代。在此情況下，就像中國領導人主張的那樣，不要在姓資還是姓社的問題上糾纏，重要的是發展，實踐是檢驗眞理的標準，發展才是硬道理。

中國對「G8」或「G20」峰會的積極參與，對於「G2」的謹慎以及中美幾乎同時爲哥本哈根聯合國氣候變化會議發表減排目標等，都體現著中國已經下決心努力扮演國際社會的「利益攸關者」（stakeholder）的角色，以及與世界各國同舟共濟，走出金融危機，共創和諧世界的宏闊思維。

這一討論實際上與中國人如何面對「中國模式」息息相關。據我觀察，最近中國知識分子越來越謹慎看待「中國模式」了，有一批人甚至主張「根本不存在中國模式」。但美國、日本等國的有識之士卻越來越覺得，無人走過的、史無前例的「中國模式」有可能面世。其實，所謂「中國模式」的發芽已經是客觀事實，「社會主義市場經濟」就是個明證。問題是，中國人自己如何推進、深化國家建設的過程。現實是，中國盡力推進、外國十分歡迎中國努力適應國際社會的普遍規則，使得中國不選擇走另類的道路，或許是人類歷史進程的規律。那麼，「中國模式」又將走向何方？

如今，在很多場合，中國人會問自己「我們的核心價值觀是什麼？」有相當多的人則在歎氣：「我們不知道該信什麼……」客觀來講，中國許多百姓感到匱乏的核心價值不是處於西方話語中心地位的人權、自由、民主等理念，而更傾向於流行一時的電視連續劇

《潛伏》中余則成（孫紅雷飾）口中所說的「信仰」。就是那種在任何時候都不會動搖，願意爲之付出一切的那種精神力量。

不管是西方意義上的「價値觀」還是《潛伏》裡說的「信仰」，都或多或少帶著所謂意識形態或宗教的色彩。但這無可厚非，人既然活著，經營的是人類社會，與意識形態或宗教之間有所牽連是不可避免的。比如，日本人是不信宗教的，但都尊崇以神道爲基礎的某種信仰，它以讓人們自律的方式忠誠於穩定與秩序，爲日本社會的和諧發展起到催化劑的作用。具體而言，日本有一句話叫做「世間樣」（Sekensama），含義爲社會至上。「世間樣」要求每一個國民，作爲個人應該服從多數，更應服從整個社會秩序。在公共秩序方面，日本人的從衆心理最明顯，長期以來積累下來的國民性以及戰後培養出來的文明素質，使得大衆都相當克制，日本人比較懂得自律。「世間樣」面前人們都平等，既然你有享受平等的權利，從中獲得安心、穩定生活的巨大利益，就不應輕易違背「世間樣」約束的一切。在日本人的無意識當中，「只要服從秩序，從中能夠獲利」的觀念占有主導地位。而事實也的確如此，這樣，爲了自己的根本利益，他會做出正確的選擇、理性的決定。

西方的基督教也是如此。就像馬克斯・韋伯在《新教倫理與資本主義精神》裡論證的那樣，新教以讓人們禁欲的方式忠誠於穩定和秩序，爲資本主義的健康發展起到了核心作用。人們傾聽上帝的語言與指令生活。上帝告訴你要好好勞動，你就好好勞動。因爲，對他們來說，基督教給予的是生活上的規範與人生的價值取向。上帝面前人們都平等，既然你是享受平等的權利，你就無法違背上帝的命令。這可不是「潛規則」。

據我所知，任何發達國家或社會都在尋求能夠讓民衆自律、禁欲的前提下順從社會秩序的某種精神力量和社會精神氛圍、規則或機制。在這點上，中國將不可能是個例外。一個國家的經濟越發達，對政治穩定和社會秩序的需求越大，越需要能夠約束或制約人性中那種盲目膨脹、破壞秩序的欲望的信仰機制，否則，發展一定會受到挫折。這也是中國一直強調精神文明建設的重要原因吧。

在我看來，今天轉型中的中國最缺乏的是如前所述的「價值觀」或者「信仰」。之所以今天的中國人，尤其是八〇後、九〇後等年輕人那麼迷茫、浮躁、盲目，是因爲他們不知道到底什麼是可靠的價值和信仰。經濟發展與文化建設，或者物質發展與精神文明之間正在出現嚴重的失衡。精神泡沫及這種泡沫的崩潰，正在導致價值的空白和思想流失。

中國大衆今後究竟如何建立中國特色的價值觀或信仰？儒家思想無疑是重要選項之一。實際上，日本的社會穩定和秩序，以及人們對此的絕對服從，歸根結柢是吸收、加工、利用儒家傳統的結果。日本人從小在家裡、學校裡、社會上無不隨時實踐和見證「和爲貴」，和「天人合一」的境界。我們在學校上了十二年的道德課。因此，長大以後不需要再接受宣傳。耳濡目染和潛移默化的力量，在日本隨時隨地可見。「日本模式」證明，儒家思想傳統確實能夠給一個發展中的社會帶來頗有生命力的價值觀和信仰。

眞正意義上積累資本，發展經濟，培育社會，開放政治，發揚文化的大前提絕不是大家盲目追求賺錢的拜金主義，而是大家主動律己尊重秩序的規範社會。

但根據我的觀察，今天在許多中國人中，拜金主義幾乎成爲了他們的普遍信仰，這說法雖然可能有點絕對，但即使有差別，也離事實不太遠。

當然，在公衆心目中，愛國也是有一定位置的。這當然是一個值得尊敬的民族所必須具有的精神。只是，愛國這種精神情懷，當然包含對民族利益和國家利益的關懷和維護，但和民族主義肯定不能畫等號，但在一旦出現某些事情的時候，我很遺憾地發現，除了民族主義情緒，公衆並沒有體現出更多和「愛國」有關的精神價值。

進入二〇一〇年，有幾個問題値得大家一起思考，我想就此進行一些梳理。

首先，關於國家利益。

聽中國長輩們說，在改革開放之前，國人是不被允許認眞討論國家利益的，它甚至是一個忌諱。雖然國家利益確實存在，但並沒有成爲公開話題。因爲當時的社會主導思想中，強調階級利益、階級鬥爭。那時討論國家利益，實際上也沒什麼意義。

三十年過去，時代已變化。今天，中國人在非常認眞地探討什麼是中國的國家利益，圍繞這個問題，甚至存在較大的爭論和分歧。國家利益很複雜，涉及到各個層面、各個領域：內政上的和外交上的、執政黨的、行政機構的、中央的、地方的、沿海的、內陸的、政治家的、官員的、企業家的、資本家的、文藝人的、學者的、媒體人的、年輕人的、農民工的、漢族的、少數民族的，乃至在華外國人的……中國的國家利益正面臨著前所未有、錯綜複雜的局面。中國作爲世界上最大的發展中國家，潛在的超級大國，更是負責任的大國，需要有與此地位相匹配的國家利益觀以及爲此服務的討論氛圍和空間。國家統一、經濟建設、社會穩定、改革開放、文化復興以及人的發展，無疑成爲中國未來國家利益的核心組成部分。

六十意味著一個輪迴，但歷史則永遠是一條延續的河流，前後之間的關聯無法割斷。以史爲鑑，正視現實，創造未來，這是討論中國的強國夢時無法迴避的一些方面。

其次，「普世價值」問題。

中國這些年一直在與世界接軌，學習和借鑑世界的先進技術和管理經驗，應該說卓有成效，中國和世界的交流十分暢通，大量的留學生遍布世界各地，各類商務人員在全球穿梭，各種級別的官員出國培訓，都已經形成常態。但我的感覺，目前交流的成果還主要體現在技術的層面，在社會面上，影響似乎並不明顯。由於一百多年以來國家的經驗，中國人對外來干涉十分反感。這非常容易理解。過去的積貧積弱，列強對中國的欺凌的確深深地傷害了整個民族的民族心理。但今天的中國已非過去的中國，綜合國力空前提高，已成爲和日本不相上下的巨大經濟體，這在三十年前簡直是難以想像的，但勤勞智慧的中國人做到了。看到中國發展，我是從心裡感到高興的。這個情況下，如何確立大國氣度，既有自信，又有包容，是一個大國所不能迴避的課題。像民主、人權、自由這些全球通行的價値觀，其實和中國所提倡的很多價值觀並非是水火不容。我不認爲中國需要別人來教它怎麼做，更不能接受他人摻雜其他動機的情況下向它輸出價值觀，但我同時認爲，中國可以在分享世界科技進步成果的同時，更積極更主動，以更開闊的胸懷融入世界。

我也看到，中國正與時俱進，它越來越能夠適應國際社會的通行做法，與其他各國共同維護合理的國際準則，更正其不合理的部分，而不像從前那樣扮演制度規則挑戰者的角色。中國不在乎大國小國，不區分對待，主張各國都有平等的權利和地位參與、推進國際社會的和平與穩定。中國領導人則提倡國際關係民主化，各國應該攜手共創和諧世界。這一切，都是充滿智慧的，這些正確的做法，進一步擴大了中國的世界影響力，也樹立了良好的國際形象。

當然，不同國家、不同的文化基礎、不同的發展程度，都會影響到對「普世價值」的理解和吸收。只要朝著這個方向行走，就是令人欣喜的，對中國這樣一個大國來說，它應該有足夠的智慧來取捨，來作出判斷和選擇：什麼樣的價值觀才有利於自己國家的長遠利益。這個問題的重要性，將日益顯現出來。

最後，關於歷史傳統。

任何國家、文明的歷史傳統都有興衰的過程。對於漢唐，中國人普遍抱有自豪的心態，並認爲，那是中國文化最強盛的時代。對於今天，中國人普遍抱有擔憂的心態，一方面是沒把文化保護好。另一方面，是對一種新的文化的不自信和迷茫，筆者認爲，這是正常的反應。五四運動是以反傳統的面目出現的，對解放人的思想、推進中國文化的現代化固然有積極意義，但一個民族拋棄自己的文化傳統，又不能建立起一套新的文化體系，這個後果是很大的。中國人經常嘴巴裡說著「自古以來」和「悠久的歷史」，卻不體貼甚至不瞭解本國的歷史傳統。文化實力和經濟實力已經完全不成比例。國家正在向全世界推廣的孔子學院，是提高軟實力的一種很好的嘗試，對促進更多外國人學習漢語、喜歡漢文化起到了很大作用。這屬於對外文化推廣範疇。更重要的，還是中國文化的內部活力更有效的激發，是爲世界提供有中國特色的，又具有人類普世價値高度的新的文化創造。

一個國家的物質文明發展達到一定程度之後，老百姓必然會產生尋找精神滿足和快樂的需求，這是人類社會發展的規律。中國人也不是例外。其實，中國提出的「和諧社會」、「科學發展觀」以及「可持續發展」等理念，實際上充分表達了中國傳統優秀文化的精神。這些政治理念與「和爲貴」、「天人合一」等儒家思想有密切的聯繫。

國家利益、普世價値、歷史傳統，這些問題是站在歷史新節點上的中國所面對的至關重要的問題。能否處理好這些問題，關係到中國能否和平崛起這一民族大計。

日本「脫美入亞」了嗎？

「我折騰著呢！」

二〇〇九年十月九日晚上於北京，日本首相鳩山由紀夫對我說。國內外媒體形容首相是個「外星人」。之前外相岡田克也就這麼稱呼他，外相跟我說：「一會有個『宇宙人』過來，你好好觀察他。」

「您怎麼說折騰呢？」

他說：「擔任首相才三個星期已經是第三次外遊，國內許多人同情我內政一大堆問題處理好了沒有。但我還是一定要來中國，中國對日本極爲重要。我明天必須得把我的『友愛』理念與溫家寶總理、李明博總統共用，作爲日本今後對亞洲政策的基礎。」

我想先花一些時間來談談那天與鳩山由紀夫面對面的感悟。

能夠與即將出席第二次中日韓領導人會議的日本首相鳩山由紀夫交流，機會難得，如果我不在北京，肯定不會有這樣的機會。北京是我的福地。我曾在北京受到過不少領導人的接見，包括胡錦濤、福田康夫等。多虧中國之首都，讓我能有機會見到國內外的領袖，令人欣慰。

首次與鳩山先生見面，他留給我的第一印象是：幽默。國內外媒體形容他是個「外星人」，我覺得有道理。我們交流不在室外，沒有颳風，但他的髮型始終保持那樣往上長的立體感。他很愛開玩笑，在說話中也經常引起對方的笑。比如，他說到「我折騰著呢」，我就笑了。他還說：「我妻子在日本比我有人氣呢，這樣也好，夫妻合起來能做到好的首相就不錯吧。」我也見到了鳩山夫人。幸女士實在太可愛了，也顯得特別年輕。夫妻二人在一起顯得很幸福，也能感覺到這位丈夫很愛惜夫人。

那一天，美國總統歐巴馬獲得了諾貝爾和平獎的消息剛剛曝光。鳩山在談話中提到了這一點。他說：「歐巴馬總統很厲害，我很尊重他。」鳩山對歐巴馬給予高度評價，其實也有另外一層原因：「我也借用歐巴馬的CHANGE概念贏了大選，應該要感謝他呢！」我又會意地笑了。首相保持幽默，大概爲了不讓對方感到膩吧。畢竟，鳩山、歐巴馬都屬於民主黨，應該說是「戰友」吧。從他的表情和言語中，我感覺到鳩山相當重視與歐巴馬的個人關係的。

鳩山先生是美國史丹佛大學的工學博士。媒體說他是學者型政治家不無道理。他表面上給人感覺比較安靜，但如前所述，他也不乏幽默，喜歡說笑話，不太注重形式，講究情感交流。在這個意義上，他不太像學者，更不像官僚，可以歸類爲政治家吧。他談到「脱官僚」政策時說：「我不是說官僚不好，只是說原來政治家過於依賴官僚，這樣不好，政治家必須發揮更多應有的作用。」

從鳩山先生的身上，我也感覺到了日本政權更替帶來的新風。他的形象和風格實實在在地告訴我：長期執政的自民黨下台了，民主黨的時代到來了。日本需要嶄新的、改革的氛圍。鳩山與歐巴馬之間共用著「變革」。他提倡的另外一個關鍵理念是「友愛」，這一點似乎與中國提倡的「和諧」相吻合。變革也好，友愛也好，「鳩山政治」在海外有著很大的號召力。但在日本國內卻並非如此。比如所謂右翼的觀點，認爲鳩山對華過於軟弱，說鳩山外交是「賣國外交」。

當日本的首相不容易。

鳩山在中國的人氣似乎也很高，媒體也積極評價他個人和其對華政策。我只是想說，中國朋友們對一個他國首腦個人也不要抱著過高的期望。外交是內政的延伸，能否做到務實的外交，關鍵還是取決於他在國內的支持率和執政基礎。但作爲與鳩山面對面的日本在華人員，我可以保證，我很明顯地感覺出鳩山由紀夫很重視與中國的關係，他是帶著信念來北京的。

下面，回到正題。

日本眞的像一些中國媒體或有識之士說的那樣「脫美入亞」了嗎？

鳩山內閣的對外政策（雖然我也不知道鳩山內閣能持續多久，但我的判斷，民主黨近期將執政位置讓給自民黨的可能性不大）將盡可能實施大選前公布的政綱——MANIFEST，即「重視亞洲」。所謂「東亞共同體」是鳩山個人尤其重視的，他主張「把東亞地區視爲我國基本的生活空間，必須努力建立奉獻於東亞經濟合作與安全保障的戰略框架」。在九月下旬於美國首次舉行的中日首腦會談上，鳩山之所以積極呼籲中國領導人攜手建立、推進東亞共同體，是本著「鳩山個人的強烈意向」，一位民主黨幹部對我說。

鳩山新政權正在試圖從長遠的角度，以「開放性的地區主義」原則構築東亞共同體，有決心積極推進亞洲外交。爲此，在東亞首腦峰會、東盟加三、APEC等各種多邊場合加強中日韓之間的對話。中日韓三邊關係及其合作動態務必對錯綜複雜的東北亞地區的和平與穩定起到關鍵的作用。九月二十八日，三國外交部長相聚在上海，就國際經濟金融形勢、北韓核問題、東亞合作、氣候變化、聯合國改革，以及軍控、裁軍與防擴散等問題達成了基本共識，等於爲十月十日將在北京舉行的第二次中日韓領導人會議作籌備。

有個令人感到意外而有趣的插曲。十月上旬，鳩山應韓國方面「強烈的意願」，下決心九日上午提前訪問韓國，與李明博開誠布公交流，共用了價値觀念，深化了信任關係。在首爾青瓦台，鳩山向李明博拿出一九九五年的「村山講話」，主張新政權抱有正視歷史的勇氣。對此，李明博回應說：「對於鳩山首相以眞誠、開放的心態發展日韓關係的立場，我給予積極而高度的評價。」「鳩山首相的提前訪問無疑是重要信號，我們很珍惜鳩山首相對韓國的重視。」一位韓國資深外交官對我說。

日本對韓國採取的「外交承諾」，使得日韓兩國更加勇敢地面對第二天在中國首都召開的新時代「三國演義」，實質上有利於更加穩重地推動三邊關係。日本與韓國之間，雖然其歷史進程與立場截然不同，但經過戰後彼此的發展，如今共用著政治體制、價值觀、經濟發展、公民生活水準、與美國的軍事同盟以及對東亞地區的合作需求等。日本與韓國也是在亞洲最先實現了現代化的國家，與突飛猛進的中國崛起相協調，拉動著二十一世紀「東亞經濟的奇蹟」。換個角度看，日韓在對待正在崛起，卻「不確定」的「中國因素」（China factor）的過程中，也將會盡量配合，密切協商。

二〇〇九年十月十日，第二次中日韓領導人會議在北京人民大會堂舉行。主持人中國總理溫家寶強調說：通過這次會議，中日韓合作的方向和重點更加明確了，內涵更加豐富了，我們決心更加堅定了。三國領導人共同發表了〈中日韓合作十周年聯合聲明〉和〈中日韓可持續發展聯合聲明〉。前者肯定了這十年以來三國所取得的成就，一致認為，「三國致力於在開放、透明、包容原則基礎上建設東亞共同體的長遠目標，致力於區域合作，在地區和國際事務上的溝通與協調日益加強」。後者則全面推出了「綠色經濟」（Green Economy）這一嶄新而陌生的政治口號，提出了十項有關「綠色分野」的合作倡議。有位負責東亞事務的日本外務官對我說：「三國之間在任何領域達成共識都是艱難的事情。我們不能著急，一步步來。中日韓外相、首腦會議已經被定期化了，每年舉行。這一對話框架本身具有重要意義，未必每次都要得到重要成果，堅持對話最重要。」

晚上，中國國家主席胡錦濤在釣魚台國賓館會見了李明博和鳩山由紀夫，表示「很高興在半個月之後，再次與李明博總統和鳩山首相見面。不久前，我們在紐約進行了很好的會晤，就雙邊關係和共同關心的問題深入交換了意見，達成了廣泛的共識」。本月底，中日韓領導人將在泰國舉行的東亞峰會上再次相聚，討論更加廣泛的東亞合作議題。對中日韓三國來說，此時將成爲外交豐收期。

中日韓的首腦能夠定期坐下來，就共同關心的話題積極討論，瞭解彼此的想法和立場，本身就足以體現出三國之間的外交成果。在外交進展顯得相對緩慢的外交民主化時代，過早期待結論，煽動「零和博弈」（ZERO-SUM）民族情緒的浮躁輿論，才是值得警惕的。一個國家能否執行穩健而有效的外交政策越來越取決於內政上有沒有務實的戰略思維與寬容的輿論氛圍。輿論及對此起核心作用的政治家和媒體的作用史無前例地加大了。

鳩山由紀夫自就任首相以來，始終強有力地宣導東亞共同體，似乎正在讓一部分中韓民衆想起當年的「大東亞共榮圈」，質疑「日本是否再次回到軍國主義，以暴力的方式解放東亞問題」。有位日本資深評論員對此表示：「實在令我驚訝，不可思議。這一思路和提法，脫離現實，令人可悲，站不住腳。」今天的國際形勢與十八世紀末至十九世紀初有著根本性的不同。日本戰敗以來，本著「和平憲法」（如今世界上只有日本和哥斯大黎加擁有所謂「和平憲法」），堅持奉行「和平外交」，是不爭的事實。戰後日本從未打過仗，自衛隊員沒有殺過任何一個人，任何一個自衛隊員也沒有被殺過。這些戰後史實的確反映著日本「反省歷史，渴望和平」的堅定立場。

雖然日本國內始終存在言論過激、美化侵略戰爭的人士，但他們的言論往往被其他觀點抗衡，從未成爲輿論上的主流。只是，由於日本在憲法上保證國民的言論自由，所以無法制止民衆發表個人意見而已。更重要的是，從中日韓之間的實力對比來看，今天形勢與當年日本提倡「大東亞共榮圈」，韓國被日本殖民化、中國被日本侵略的那個時代截然不同。那位資深評論員還是覺得不可思議：「今天，難道中韓人民眞的以爲會被日本軍隊進攻嗎？這樣太看不起自己實力了吧。難道中韓眞的以爲後冷戰時代的國際格局能容忍日本軍國主義重新復活嗎？這樣太不瞭解國際政治了吧。」

面對奪取政權後已經多次提到「新的政權有決心正確面對歷史」的民主黨政府，中韓民衆或許有必要站在新的立場去培養新的戰略思維。既然民主黨政權反覆主張「正視歷史，面向未來」，要做的不是質疑、警惕「日本積極宣導東亞共同體會不會造成當年大東亞共榮圈的局面」，而是積極評價鳩山的「功勞」，協力創造和諧的外交氛圍，這樣，他又能夠在國內政治上更加扎實地說服國民，展開政策。畢竟，如前所述，許多日本言論人士批評鳩山對中國和韓國的政策過於軟弱，稱之爲「賣國外交」。他感到的壓力，不在現場是不能充分感受到的。

在日本，「正視歷史」是需要有勇氣的，也是要冒國內風險的。這是因爲日本人中複雜的二戰觀——相當多的日本人認爲，日本是因遭到美國兩顆原子彈轟炸而不得不投降，因此，頂多是敗給美國，而不是敗給其他國家。而關於東京審判，他們也認爲是二戰的勝者強加給敗者的，「不公平」是很多人心中的眞實想法。在國內輿論面前，明確、公開、眞誠表態「正視歷史」，並不是一件簡單的事情。

根據新內閣成立後《朝日新聞》二〇〇九年九月十六、十七日緊急實施的全國電話輿論調查，支持鳩山內閣的達到百分之七十一，不支持的僅有百分之十四。這一數字與一九九三年九月作爲非自民黨政權成立的細川內閣打平，僅次於二〇〇一年四月小泉內閣成立時百分之七十八的高支持率。根據《讀賣新聞》十月二日－四日在全國範圍內實施的電話輿論調查，支持鳩山內閣的有百分之七十一，不支持的僅有百分之二十一。可見，鳩山內閣成立以來至今依然保持著比較高的支持率。但日本人說「政治是個水物」，一旦發生什麼閣僚失言、政策失誤等狀況，支持率就很可能急速下滑。何況鳩山本人正在面臨著「政治獻金」這些問題。可以預見，好戰的記者和政敵必將不會善罷甘休。

除了「正視歷史」，一把手鳩山和二把手岡田都明確表示「新政權不參拜靖國神社」。衆所周知，「靖國」兩字作爲歷史認識問題的一部分，事實上困擾過日本的內政與外交。對中日關係或日韓關係來說，則是牽涉到兩國首腦和基層之間能否正常交往的「底線」之一。在小泉純一郎擔任首相期間（二〇〇一年四月二十四日－二〇〇六年九月二十六日），「靖國問題」重新浮到水面上來，成爲中日之間的外交問題。之所以政治家、媒體、學者等用靖國問題這個詞，是因爲圍繞靖國神社的存在意義、內外影響力等，引起跨越國界的爭論，成爲影響首腦外交和大國關係的重大問題。日本首相參拜靖國神社後，中國堅持原則性立場拒絕與參拜的當事人見面，停止首腦外交。在小泉時代，中日民衆已經深刻感受到政治氛圍極爲惡劣的狀態對中日關係所帶來的嚴重負面影響。當時，兩國有識之士都認爲，「當今，中日兩國之間最爲嚴重的問題是靖國問題」。因爲，它產生的影響、它所牽涉的面實在太大了。

作爲渴望給日本社會帶來新風的民主黨，必然站在長達五十年以上一黨獨大的自民黨的對立面，堅決反對參拜靖國神社，重視中日關係。與其說這是鮮明的戰略，不如說是巧妙的戰術。但這一戰術絕不局限於技術層面。我在十月九日晚上與鳩山首相、岡田外相的交流中，明顯感覺到了新的政權有決心以誠意展開亞洲外交的信念。我跟岡田外相彙報說：「二〇〇五年四月在中國各地發生反日遊行的那段時間，輿論氛圍很不利於民間交流。在華的日本企業、文藝人、留學生等各種角色都受到政治關係的深刻影響，很難與中國人心貼心地交往。」岡田眼睛正視著我，說：「我理解，你們一定受了委屈，度過了痛苦的日子。我們再也不會讓你們爲難，請相信我們，堅持不懈地營造良好氛圍，重視中日關係。」我感覺到，新政權對歷史的正視，是出於誠意的。

通過此次近距離接觸，我重新認識到，岡田克也（Katsuya Okada）對鳩山政權的外交政策來講是個關鍵人物。岡田一九五三年出生，東京大學法學部畢業後當官（經濟產業省），後從政。曾擔任過民主黨黨首的岡田是敢說敢做、有自己見解和立場的政治家。其外交理念是：以日美同盟爲基軸，重視與亞洲的關係。九月十七日，剛就任外務大臣的岡田就指出，必須在陽光下弄清日美之間以往圍繞一九七二年沖繩歸還、一九六〇年修正《日美安保條約》時引進核武器、朝鮮半島「有事」時的戰鬥作戰行動以及美軍基地「跡地」的恢復經費等密約，並要求外務省十一月底之前呈交調查報告。對於美國密切關注的日本自衛隊向印度洋補油能否繼續的問題，岡田外相堅持「不會有單純延長」的觀點。

十月十日晚上，中日韓峰會結束後，岡田緊接著從北京乘坐民航，飛往阿富汗，並與總統卡薩會面。岡田在會談中表示：「日本相當重視『阿富汗復興』的問題，我們有準備從職業訓練、農業支援等民生領域做出應有的貢獻。」

據悉，此次從北京飛往喀布爾的超閃電訪問是基於岡田個人的強烈意向而實現的，出於安保考慮，日本外務省沒有事前公布。由此，可以看出岡田外交的務實。岡田將從維護日本民意和國家利益出發，展開務實的外交政策。他不是從民族情緒，而是從國家戰略考慮來推進外交政策。他對中國、韓國等東亞國家採取的政策也無非就是「務實」（pragmatic）兩字。之所以民主黨上台之前即明確表明不參拜靖國神社，是因爲岡田認爲這樣做符合日本的國家利益，而不是爲了妥協，更不是所謂「親華」、「親韓」。對於這一點，中國政府和民眾也一定會有清晰的認識，不要做出超越國際政治本質的結論。

從建立東亞共同體的角度說，中日韓三國的合作與作用前所未有地重要，這一點毋庸置疑。回顧中日韓合作的十年，其進程始於一個特別的早晨。一九九九年十一月二十八日上午九時，正在菲律賓首都馬尼拉出席東盟與中日韓（十加三）領導人會議的中國總理朱鎔基、日本首相小淵惠三、韓國總統金大中舉行非正式早餐會，開啓了中日韓三國在十加三框架內的合作。可以斷定，在東亞合作領域，中日韓之間的合作始終落後於東盟，三國只是憑藉東盟合作的舞台，東盟才是東亞的「領跑者」（pacemaker）。因此，在探討如何建立東亞共同體的議程上，三國必須珍惜東盟的經驗和智慧。

與此同時，不能否認，中日韓三國的綜合實力絕不亞於東盟。目前，中日韓GDP和貿易額占到世界經濟的百分之十六左右。二〇〇八年，中日貿易總額超過二千六百億美元，中韓接近一千九百億美元，日韓接近一千億美元。中日韓之間的合作密度、廣度和深度唯有超過東盟，否則東亞共同體就沒戲。

奉獻於建立東亞共同體的大前提，無非就是處理好中日韓三邊關係。中日之間的東海、釣魚台，日韓之間的竹島（獨島）等問題是牽涉到主權與民族尊嚴的長期性課題，不可能在一夜間得到解決。那麼，對於某些「強硬論」或「情緒論」，民間輿論最好不做過度反應，讓各國的外交部門與其他部門攜手踏踏實實地展開談判，到水到渠成時再作最終解決。不可否認，東亞各國在全球大蕭條的形勢下面臨著衆多國內問題，在如此艱難而不確定的時期，帶著長期結構性的問題一時恐怕無法得到徹底解決。但反過來看，正因爲各國都處於困境，合作的動力和需求將比平常時期更加突出，這也是必然的邏輯。把二十一世紀初的大蕭條視爲抑制衝突和矛盾浮出水面的大契機和在雙邊、多邊外交框架內展開合作的大機遇，才是有智慧的做法。在東亞各國圍繞功能性合作（functional cooperation）的領域——經濟、貿易、金融、環境、能源、反恐、文化、人文、防災等——不斷開展合作的同時，盡可能化解各國之間互不信任的矛盾。

「實際合作」與相互信任這兩大課題必須同步進行，相輔相成。在這個意義上，東亞共同體這一議事日程，非常有意義。

有人經常拿出歐盟的經驗去檢討東亞共同體的可行性如何。回顧歐盟的歷史淵源和發展進程，從一九五八年歐洲經濟共同體和歐洲原子能共同體走向一九九三年歐洲聯盟，從當初六個成員發展到二十七個成員（二〇〇七年一月），從經濟、能源等功能性合作走向貨幣、安全、外交等全方位合作，歐洲用了五十年的時間，走到今天，還在往政治統合、憲法統合、價值統合等方向前進。其進程是漫長而穩健的。東亞各國要做到的，絕不是簡單仰望歐盟的成就，也不是盲目模仿歐盟的做法，而是認眞學習歐盟堅持下來的過程和精神。

鳩山由紀夫宣導的可以稱是「東亞善治」。他提倡的「友愛」與中國提倡的「和諧」有相通之處，東亞兩大國家的領導人都希望以友愛、和諧的方式去化解各國間的矛盾。美國總統歐巴馬剛剛獲得了諾貝爾和平獎，其實也反映了國際社會對和諧的一種期盼。國際政治的整體氛圍向和平的、和諧的、友愛的方向發展是一個不可逆轉的趨勢，這爲加速東亞合作的進程提供了有利條件。

但其格局也充滿變數。比如，雖然中日韓領導人把東亞共同體視爲共通的、長期的目標，但還只是停留在「提出理念」的階段。這個議題的完善和發展可謂任重道遠。

鳩山由紀夫從北京回到日本的第二天（十月十一日），日本各大報紙的社論評論了鳩山外交。各報正面評價鳩山爲改善與中韓兩國關係所做出的努力的同時，也發出了深層的疑問。其中，最爲明顯的主流意見是針對鳩山對日美同盟與「亞洲外交」的態度問題。發行量超過一千萬份的《讀賣新聞》的社論開頭就表示：「鳩山外交的本質會不會被理解爲『脫美入亞』？」接著說：「鳩山首相在北京表明『以前日本過於依賴美國』的前提下，主張『日美同盟很重要，但我們需要更加重視亞洲』。但之前在美國與歐巴馬總統強調的不是『日美同盟爲基軸』嗎？首相的矛盾性言論很有可能導致各國的誤會。不要忘了，日本外交的根本依然是日美同盟，『東亞共同體』構想絕不應該被理解爲『脫美入亞』，對此，希望首相能夠反覆加以強調。」

「反觀」祖國政治

過了二〇一〇年日本的元旦（日本人過元旦，不過春節，前者對日本人來說是最重要的節日，等於中國人過春節），一月二十三日至二十六日之間回了日本一趟，辦點私事，順便觀察一下祖國的政治生態。空前深刻地意識到的一點是，作爲一個日本公民，我還是需要經常回國，在現場觀察時政，光依靠發達的通訊手段是遠遠不夠的。這次現場觀察，加深了我對動盪、迷茫中的日本政局的感受和認識。

坦率地說，有些驚訝。從早到晚，從電視到報紙，一條新聞的重播與同質化，充滿衝擊力，到處都是關於民主黨幹事長小澤一郎的祕書因資金管理團體「陸山會」違反了《政治資金規正法》而被捕的情況下，要求小澤本人解釋的內容，要求首相辭職的聲音也不絕於耳。

二〇〇四年十月，小澤的祕書用四億日圓購買了東京的一塊土地，由「陸山會」出資。監察部門、媒體、在野黨等密切關注的是：這筆錢從何而來？金錢的來源和途徑不透明，並忽略了及時、該有的申報和登記。根據日本法律，政治家有責任和義務在政治資金收支報告書裡主動進行「規正」。小澤主張把以家族的名義存儲的私人資金借給「陸山會」，對於當時祕書們是怎麼處理的卻不清楚：「我依賴，也信任祕書，沒有一個政治家對所有資金管理進行監督。」

一月二十六日《讀賣新聞》的頭條新聞爲〈小澤言及監督責任——陸山會事件，「倘若我祕書犯的錯誤」〉。不僅在封面，在政治板塊、評論板塊、調查報導板塊等也展開了相關報導，介紹小澤接受記者採訪時的言語漏洞、已被捕的祕書之論述、事件的背景、首相及在野黨的反應等等。自從去年三月小澤第一祕書因同樣的政治資金問題被捕後，「小澤醜聞」（Ozawa's scandal）就始終是媒體的聚焦點。此刻，東京檢察部門「特搜部」已經開始行動，讓小澤本人作爲「被告人」接受他們的「採訪」，事態已經發展到如此嚴重的程度。

特搜根本上是司法部門，就是所謂三權（立法、行政、司法）分立中的一角，它在日本的政治地位卻絕不一般。它與一般的檢查部門截然不同。何謂特搜？主要是以徹底獨立、中立、客觀的立場專門針對政治家、高官等人的貪汙腐敗行爲進行保密性的調查活動，一切過程都是「內幕」，也是國家機密。他們依靠的是物質上的證據，而不是輿論上的氛圍。在強有力的搜查之下，連行政上的最高領導首相或內閣總理大臣也不能說不，必須服從，並可能被起訴或被捕。假如政治家用言行向特搜部門施加壓力，將立刻遭到媒體的攻擊。對於現代政治來說，司法是任何人都不能侵犯的聖地。

政治與金錢這一話題自從七〇年代小澤一郎的恩師——田中角榮因「洛克希德事件」被起訴、逮捕以來，始終是政界、政治家揮之不去的伴生話題。任何國家都是如此，政治背後總是容易出現錢權交易。在小澤案件當中，特搜部門的調查角度之一，是小澤購買土地的四億日圓裡有沒有包括相關企業對他的「獻金」。小澤出生於東北地區的岩手縣，那是個建築公司等企業和政客「政商勾結」根深柢固的地區。在國內經濟不景氣的形勢下，地方企業試圖靠近有實力的政客拉業務，作爲交換條件，向政客奉獻資金，按照一般常例，這再正常不過了。

事態會走向何方？按日本政界以往的「潛規則」，小澤應該早就向國民表示歉意，並辭職。各大報已經在社論中要求小澤好好說明自己的錯誤在哪裡，如果做不了，就辭職，也作了輿論調查。根據一月十七至十八日各大報紙的輿論調查，認爲小澤幹事長該辭職的民衆有百分之六十七（《朝日新聞》）、百分之七十（《讀賣新聞》）、百分之七十點七（《產經新聞》）。各大報社利用社論和輿論調查向政治家施壓在日本是普遍的做法，也是逼迫首相辭職的必勝法。

小澤一郎事後始終主張「我沒有收任何不正當的金錢」，不讓步，表示堅持幹事長的任務。自身也面臨政治獻金問題（母親提供的政治資金違反了相關法律和程式）的鳩山由紀夫以及其他民主黨員也團結地站在小澤一方，堅決不屈服於來自自民黨這樣那樣的攻勢。可見，此次案件靠輿論壓力或政治鬥爭得到解決的可能性不大，小澤是否被起訴、逮捕取決於站在中立、客觀立場的（輿論和在野黨往往是十分主觀和偏激的）特搜部門能否找到充分而合理的證據。我回國期間預測，小澤被捕的可能性爲百分之五十，未來一、兩周小澤一郎與特搜部門之間的鬥爭，值得密切跟蹤和關注。

後來的事態表明，小澤一郎沒有被起訴，特搜部門沒有找到合理的證據。媒體記者顯然表示不滿，說特搜部門沒有好好做搜查工作，甚至有個「小澤給特搜施壓」的說法。在那種局面下，媒體通常非要把政客壓下來不可。雖然小澤沒有被起訴，「小澤風波」告一段落，但這一切耐人尋味的政治鬥爭促使我反思祖國政治的深層弊端。

日本民主黨上台之後立刻面臨了所謂「3K」問題——獻金（kenkin）、基地（kichi）、景氣（keiki）。三個K是日語的讀音，內涵就是政治獻金、美軍基地、經濟景氣，這三個要素正困擾民主黨陣營，尤其以鳩山由紀夫首相爲主的閣僚們。其中，如何面對、解決後兩個「K」，是政治家無法迴避的職責。二〇一〇年一月二十五日，沖繩縣名護市的市長選舉已落幕，反對駐日美軍飛機場「普天間」遷移到名護邊野古的候選人當選。這一遷移是日美政府在二〇〇六年時達成的協議，本來要在二〇〇九年底之前決定遷移內容和可行性。而無法協調美方、社民黨、沖繩縣政府的鳩山由紀夫只好把問題拖延到二〇一〇年五月。名護邊野古是協議中的遷移地點，但當地政府和民衆強烈反對，這一局面對執政黨來說相當尷尬，畢竟，對民主政治來說，民意是不能忽視的。但作爲一個代價，如果五月之前無法在國內完成協調，美日同盟將陷入前所未有的信任危機。可以合理推想，本書出版前後，圍繞美日同盟走向的言論將迅速升溫，敬請中國朋友密切關注。

圍繞景氣問題，相關的討論被政治與金錢話題掩蓋著。剛剛開始的通常國會，本來是要談預算的，探討鳩山政府提出的環保、社保等貼近家庭的成長戰略的可行性如何。但在國會上，政客們根本不討論這些眞正關係日本未來的核心問題，而始終沉浸於「小澤醜聞」。我曾經用兩個概念形容過日本的政治，一個是「醜聞政治」，另一個是「無政治狀態」。日本戰後花了五十多年的時間才實現了政權交替，向健康的政黨政治邁出了第一步。但其實質似乎沒有絲毫的改變，對於那些執政黨和在野黨的政客們來說，政治還是相互挖掘醜聞而從中牟利，順便掩蓋政策無能的工具。

民主黨意識到「3K」的重要性是好事，但老百姓眞正希望解決的問題卻只好被拖延，甚至放棄。這是今天日本政治的眞實情況。我弟弟的唉聲和歎氣似乎代表著廣大民衆對祖國政治的憂思和無奈：「小澤拿了多少政治資金有那麼重要嗎？政治與金錢離不開是個事實，不用再討論了。政客也好，媒體也好，只是關注那些醜聞，根本不把社會福利、社保財政、經濟復甦等與國民生活眞正相關的事情告訴我們。」

政治家罵競爭對手也好，媒體罵政府也好，往往愛用一個固定的詞句，即「對於你的說明，有權者是不承認的」。「有權者」就是具有投票權的國民，政治家是替有權者經營國家的，媒體則是有權者的代言人，因爲後者往往是遊戲規則當中的弱勢群體。不過，那次回國讓我發現，政客和媒體隨便說出的「有權者」一詞原來不過是「政媒勾結」的沉澱物而已。本來以爲，媒體的那些煽動性、刺激性報導是迎合讀者觀衆的需求和口味，原來不是這樣的。連「迎合主義」（populism）這一低俗政治都談不上，它歸根結柢就是政客和媒體這些高收入群體站在身分和道德的優勢地位上以公權謀私利，實際上是自言自語的騙局，是典型的愚民政治。

被忽略或忘記的，則是民意。令人擔憂的是，假如這一騙局持續下去，今後日本國民的「民度」（民衆的素養水準）將不斷降低，降低到無法挽回的地步。那一刻，將是日本衰落的終點。

中國廣大朋友一直感到困惑的「日本特色」現象是：日本首相老是換個不停。其實我來華後深刻體會到，日本政局的不穩定確實給中國人帶來一種不安全感或不確定感，這對中日關係的穩定、健康發展是不利的。當然，那是日本的內政，干涉內政不合外交準則，但至少有理由瞭解它的背景和產生的原因，並希望民主黨政權下的日本政治能夠「靠譜」一點。

日本首相怎麼老變？我相信這是中國人普遍關注且感到難以理解的問題。

日本確實老換首相。二〇〇六年九月以來，安倍晉三和福田康夫均在任不到一年就辭職。麻生太郎也沒堅持多久，就把政權讓給了民主黨。民主黨能否長期穩定政權，至少從過去日本政治來看，只能說是未知數。這些怪象究竟從何來？

我認爲，有五個原因：

一、制度背景。日本的首相與美國總統不同，不享受任期的保證。美國總統除非發生意外的事件，無論多麼沒能力的總統，也可以完成任期。日本首相則隨時面對著離職的壓力。例如，兼任內閣總理大臣的首相有權決定內閣的人事，而若內閣成員在其決策過程、處理方式等方面出現醜聞，一切責任就必然歸於首相。安倍、福田的閃電式辭職與內閣的表現密切相關。不過，基本走出所謂「失去的十年」後，高舉「結構改革」、「打倒自民黨」的小泉純一郎卻能連續就任兩屆，總任期達五年以上。可見，制度原因是相對的。

二、不可抵抗的外因。例如，安倍晉三繼承小泉純一郎的時候，許多問題作爲小泉遺留下來的「改革後遺症」，確實存在著。不具有小泉那樣領袖魅力的安倍就很難強有力地推行政策。接班安倍的麻生太郎就任後不久被全球金融危機捲進去了，他的國內經濟政策就不得不受到來自外界的壓力。一些無法擺脫的困境確實會促使政府改組，首相易人。

三、輿論的壓力。首相以及首相率領的內閣下面的政府（行政機構）一旦出問題，媒體就會馬上關注，並加以猛烈批評。壓力的主要途徑有全國報紙的輿論調查、電視的娛樂性談話節目以及週刊、報紙的報導等。要是某一次調查顯示內閣支持率急降（輿論調查也難免有誘導性），著名評論員們共同批評首相，報紙、週刊暴露內閣成員醜聞等態勢同時爆發，首相一下子就要面對是否辭職的選擇，內閣也就要面對垮台的命運。

四、國民對政客的不信任。我記得，福田突然表明辭職的二〇〇八年九月一日，城市、鄉下、農村的老百姓接受電視採訪時表示，「很出乎意料，沒法理解」，「福田根本不理我們的感情，只考慮自己的利益就走了」，「我們被福田拋棄了」。今天，老百姓已經充滿被政治家拋棄的感覺，政治的國內公信力已經降到底線，日本實際上時常處於「無政治狀態」。

五、人才不足。首相爲什麼沒法完成任期呢？首相爲什麼沒法打破外力造成的困境，打開格局呢？首相爲什麼挺不住來自輿論的壓力呢？首相爲什麼得不到國民的信任呢？因爲任期沒有保證嗎？因爲外力不可抵抗嗎？因爲輿論壓力沒法讓政局持續嗎？因爲國民愚蠢得根本不懂政治嗎？這些都可能是原因，但歸根結柢，人才不足是最根本的原因。其中一個重要背景則是，日本這幾年的首相都是出生於政治家庭的所謂太子黨。

在如此嚴峻的政局下，日本人需要反思的是，如何在實現健全競爭的選舉環境下，培養能夠承擔國家未來的人才。因爲，只有如此，日本才能收回民主政治的根本。

在這個意義上，無論如何，政權交替對日本政治發展來說是件好事。

高舉「脫官僚依存」——擺脫自民黨一黨獨大時期過多依賴官僚的作用，甚至被官僚主導的政局——由民主黨、社民黨、國民新黨聯合執政的鳩山內閣二〇〇九年九月十六日晚上正式成立。鳩山新首相在首次閣僚會議上決定「實現眞正的國民主權」和「有內涵的地區主權」爲內閣基本方針。稍微回看民主黨在八月三十日選舉上壓倒性地打敗自民黨，實現政權交替的那一刻，民主黨此次選舉中獲得的應該說是大勝，四百八十個衆議院議席中占有了三百零八席，超過了半數。自民黨則只占了一百一十九席。日本戰後首次以正式選舉更替政權，可稱爲是具有歷史意義的變革。日本老百姓此次爆發求變是不爭的事實。然而，民衆對這次大選的認知是極爲直觀和憑藉印象的。事實上，在任何國家，普通老百姓能夠站在國家的大局和長遠利益的角度理解政治內在邏輯的，極爲罕見。日本老百姓也並非是看好民主黨而把票投給鳩山，而是對自民黨長期一黨獨大的一種逆反，甚至是反叛情緒的宣洩，雖然是求變，卻是一種被動的變革。

鳩山在選舉當天三十日晚上舉行的記者招待會上提出了「三個交替」：政權交替——告別長期執政的自民黨；新舊交替——告別陳舊的政治，創造以公民爲中心的新政治；主權交替——告別官僚主導，實現政治家主導（政治家因選舉產生而可稱爲國民的代言人）。提倡友愛政治的鳩山將面臨的首要任務還是內政層面，向國民證明自身的執政能力，避免高支持率的快速下降。鳩山在自己的任期中必將面臨經濟復甦、新的經濟增長戰略、應付少子高齡化的社會保障制度改革等牽涉到日本未來走向的關鍵議程。其中，首先要面對的是二〇一〇年的「預算編成」，鳩山提倡新政權必須改變在自民黨政權下所積累的浪費金額的積習，爲了落實家庭補貼、充實福利等政策，將節省七．一兆日圓（七百五十億美元）的政府開支。但國內人士普遍懷疑：「這些錢何來何去？」

無論如何，鳩山的執政能力將接受公衆和媒體的檢驗。能否把選前《政綱》裡提出來的，被國內外有識之士評論爲「過於理想，脫離現實」的種種理念落到實處，許多老百姓拭目以待，卻也充滿懷疑。選舉剛剛結束後，《朝日新聞》緊急實施的全國電話輿論調查，結果十分耐人尋味：百分之七十四的人「期待民主黨」，表示「不期待」的只有百分之十七；但認爲「民主黨能夠改變日本政治」的只有百分之三十二，低於表示「不能改變」的百分之四十六。至於民主黨取得大勝的原因，認爲「有權者渴望政權交替」的有百分之八十一（不這麼認爲的有百分之十二），認爲「支持民主黨政策」的只有百分之三十八（不這麼認爲的有百分之五十二）。

有權者迫切希望結束自民黨的一黨獨大及希望政權交替，但並不由衷期待民主黨的政策。這點是本次大選的一大特點。不僅如此，由於民主黨在參議院上仍未占有三分之二多數，所以不得不與社民黨、國民新黨這些政治理念、政策取向有所不同，甚至截然不同的黨派聯合執政，這就必然遇到一個問題——決策過程和政策推行上的複雜和難度。相比自民黨的內部結構，民主黨的派系更爲龐雜，不但有自民黨出身的成員，還有社民黨等黨派出身的成員，這無疑將爲民主黨今後的執政增加不少變數和困難。鳩山政權並非鐵板一塊，它無非就是一個雜體，雜交了多個政黨元素，這會使得其政策，尤其是對外政策變得更爲錯綜複雜。

鳩山由紀夫比較穩重、柔和、低調。個性不突出，不是「鳩山的民主黨」，而是「民主黨的鳩山」。這點上與美國的新總統歐巴馬、日本前首相小泉純一郎等截然不同。民主黨在挑選領導的時候也似乎是「落腳」到鳩山。鳩山如何實現黨內和諧，這是幕後的操盤手——小澤一郎一直要考慮的問題及承擔的任務。

選舉之前因政治獻金醜聞而遭到自民黨及輿論界批評的小澤一郎沒有進入內閣。但從小澤是民主黨獲得大勝的最大貢獻者——輸送一百名以上「小澤寶寶」（Ozawa Children）當選——的事實看，小澤在鳩山政權中將具有舉足輕重的作用。而有識之士擔心的是，鳩山與擔任幹事長的小澤之間在利益、理念、政策上可能發生的矛盾以及隨之出現的雙重權力格局。倘若鳩山和小澤這兩位民主黨的核心政要不能夠相互協調，舉黨一致就只能是空話。但小澤畢竟是如今日本少見的老練政治家，有他在背後協調將會對民主黨的黨內團結、鳩山政府的對內對外政策起到催化劑作用。依筆者判斷，小澤在幕後之存在還是利大於弊。這位懂得政治遊戲規則，卻始終沒能當上首相的前民主黨幹事長在背後監督和輔佐性格柔和的鳩山由紀夫，民主黨體現的無非就是外柔內剛。

具體看看鳩山新內閣成員。在十七名閣僚中，十五人來自民主黨，此外，社民黨黨首福島瑞穗和國民新黨黨首龜井靜香雙雙進入新內閣，分別出任負責消費者行政、少子化對策、食品安全及男女平等事務的擔當大臣，和負責金融和郵政問題的擔當大臣。這兩位大臣的任務非常重大。民主黨在日本景氣恢復的切入點定位在民生的角度，鳩山首相更注重以直接介入每一家庭的親民政策擴大內需。他承諾給予每一個家庭每月兩萬六千日圓（約一千七百元人民幣）的孩子養育補貼，以此來拉動內需，這和原來麻生自民黨「內外結合，強調經濟增長週期」的政策顯得有些對稱。不過，民主黨提出親民政策明顯基於選舉的需要和迎合主義，利用了老百姓不懂得深奧經濟術語的基本現狀。是否奏效，還有待觀察。

民主黨最高顧問藤井裕久爲財務大臣；民主黨前任幹事長岡田克也被任命爲外務大臣；代理黨魁菅直人被任命爲新設的國家戰略室擔當大臣兼副首相（內閣內僅次於鳩山的二把手）；役員室室長平野博文被任命爲內閣官房長官，副代表北澤俊美被任命爲防衛大臣。在所有新任命的內閣成員中，今年七十七歲高齡的藤井裕久將發揮的作用舉世矚目。與上述福島和龜井類似，考慮到目前日本低迷的經濟形勢，選擇一位合適的人選擔任財政大臣不能不說是對鳩山的一個考驗。藤井裕久一九七七年步入政壇，曾效力財務省二十多年。一九九三年到一九九四年，他曾在細川護熙內閣和羽田孜內閣出任財務大臣，是目前民主黨內最富有財政管理經驗的政治家。最近藤井裕久表示：「當前外匯波動並不劇烈；反對干預外匯市場，強勢日圓將對日本經濟有利。」遺憾的是，藤井因健康問題而不得不辭職，副首相菅直人暫時兼任藤井的位置。

國家戰略室可以作爲鳩山提倡「脫官僚依存」的象徵品和代名詞。此室將通過修改法律而改爲國家戰略局。一九四六年出生的菅直人，一九八〇年當選衆議院議員，曾在橋本龍太郎政府中擔任厚生大臣。一九九六年九月與鳩山由紀夫合作組成日本民主黨並出任黨代表。他可被稱爲是比較老練的政治家。菅直人將負責制定包括預算準則等在內的國家重點政策。如何與財務大臣等其他閣僚避免政策衝突，統籌政策方向，使得老百姓更明確、深刻地認識國家戰略，這是他的任務。

我之所以很關注國家戰略局，是因爲我來華之後認識到國家戰略的重要性和深遠性。

中國人很善於處理大戰略、戰略以及戰術之間的關係，與之相比，日本人對戰略這個東西的反應和對策很緩慢、很遲鈍。這一新機構今後對日本的內外政策將產生哪些建設性的作用，值得注意。

關於日本政治，二〇〇九年也有一個驚喜。社會科學文獻出版社首次出版了《二〇〇九日本藍皮書》，這是中國第一本關於發達國家的國別藍皮書。中國此前也出版過《日本經濟藍皮書》，但畢竟僅限於經濟領域，而不是針對整個國家。

日本政權交替前夕，二〇〇九年八月十九日，我應邀參加了中國社會科學院日本研究所及社會科學文獻出版社主辦的「《二〇〇九日本藍皮書》首發式暨日本形勢研討會」。會議前，我向一位內部人士諮詢：「為什麼第一本是日本，而不是美國呢？」對方回答說：「主辦方曾想過美國、俄羅斯等，但它們確實太大，不好運作。作為第一本，壓力有些大了。而日本呢？規模沒那麼大，但對中國來說卻很重要，就落腳到日本了。」

《藍皮書》由總報告、經濟篇、政治篇、外交篇、中日關係篇、社會文化篇、學術動態篇、資料篇以及文獻篇組成，多達四百八十三頁，比較全面地介紹了日本各領域的動態。報告也包含著許多有趣的內容：「影響日本經濟的國際因素」、「毒餃子事件與食品安全問題」、「麻生內閣與自民黨派閥政治」、「中日東海共同開發與國際化實踐」、「日本新聞媒體的中國論——以《讀賣新聞》北京奧運會述評為例」、「中日關係中的日本與台灣問題」、「日本性別平等狀況及相關對策」等。

撰寫者得出一個明確的結論，「總體而言，二〇〇八年日本形勢嚴峻」，並認爲「國際金融危機之下，股市暴跌，出口下降，日圓升值，實體經濟遭受重創。福田就任首相不到一年即閃電辭職，『一九五五年體制』崩潰後的政黨政治仍舊處在動盪與摸索中。在強化日美同盟的同時，日本積極參與亞洲以及對非洲經濟合作乃至國際事務，以實現『主體性外交』的戰略意圖。而雇傭結構的變化給日本社會的穩定帶來衝擊，地區差距和收入差距繼續拉大，貧困階層人口增加，加速了社會轉型期的分化和重構」。與會者非常關心八月三十日日本大選的結果。在經濟依然陷入低迷，最快二〇一〇年才能走出困境，國民對現狀的不安和不滿並存的形勢下，有可能發生政權交替的歷史性大選，對整個日本的國內格局以及對外政策可能產生什麼樣的影響？日本能告別自民黨一黨獨大，走向眞正的兩黨制嗎？

一位社科院日本所的專家指出：「我不認爲此次實現政權交替就意味著兩黨制，應該認爲是政界重組，說到『制』，就必然需要反覆的更替，但作爲屬於東方文化的日本不會很容易形成西方意義上的兩黨制。」

我對《藍皮書》的立場部分贊成，也有不同的意見。「朝野各黨缺少政治理念和自身改革的情況下，國民投票的標準已經『不是投給優點相對更多的黨，而是選擇缺點相對更少的黨』。調整政治結構、建立新的政治模式仍是橫亙在自民黨乃至整個政界面前的一個難題。」我高度贊同這一說法，如今日本政界帶著「新保守」色彩，面臨重組格局的背後存在的無非是其社會政治經濟的變化，無論是日本人還是中國人，我們看到的則是處在轉型期的日本政治的必然現象。

至於日本對外關係，我覺得中國學者的反應有些過度。例如，《藍皮書》舉出了二〇〇八年日本主辦的兩場國際會議，北海道洞爺湖八國集團峰會（七月）和橫濱「第四屆非洲開發會議」（五月），並把日方的「戰略意圖」分別判爲「通過否定八國集團峰會『擴容』來維護其亞洲成員國的『唯一性』，努力拓展日本外交『空間』，積極推動聯合國改革，爭取『入常』，表現出不斷擴大日本參與亞洲乃至國際事務的『主體性外交』意向」；「突出『援非』議題的重要性，展現出急於拉攏非盟，積極開展非洲外交動態。一是希望在日本『入常』問題上獲得約五十個非洲國家的贊成票；二是通過加強與非洲的經濟關係，確保日本所需要的豐富自然資源；三是弱化中非關係的發展勢頭，化解中國從二〇〇〇年開始定期召開的有非洲領導人參加的『中非論壇』的影響力。」

會議中有一場中日對話。前文化部副部長，當過毛澤東主席日文翻譯的劉德有提出：「《藍皮書》並不代表官方立場。重要的是，《藍皮書》能夠激發學者的研究興趣和開闊讀者的視野。」日本駐華使館公使片山和之則提出：「我今天出席並不意味著日本政府的立場等同於《藍皮書》的觀點。但我知道，中國的日本研究水平在世界上是領先的，我們也將好好分析中國的動態，但願與中方共同進步。」

社科文獻出版社社長謝壽光表示，《藍皮書》未來應該成爲國內多方面，甚至日方人士共同參與撰寫的交流平台。我想，倘若由中國官方機構出版的研究成果成爲彙集官方、民間以及外國人聲音的、多樣化的思想交鋒和碰撞平台，它對中日關係來說將是大進步。

中日人民能和諧共處嗎？

這是我第二次到南京訪問。

昨天在上海參加第一財經《頭腦風暴》節目，談了「豐田會不會完蛋」這個問題，晚上感受了一下上海的夜生活。本打算早點出發去南京，但昨晚喝酒喝得太多了，九點鐘才起床，趕到火車站，只買到動車組九十三元一張的無座票。在我那節車廂裡，到處都是穿著制服的解放軍南京軍區的軍人，帶著許多行李，這一場面讓我深刻意識到「南京！南京！」

作爲一個日本人，來南京還是感覺到一種壓力的。這跟在香港因聽不懂人家的方言而感到的壓力不同，這是看不見、摸不著但隱約存在的政治壓力和心理壓力。不過，我還是很喜歡南京這座十朝古都，它是一座文化積澱很深厚的城市。

能夠享受當地的地鐵文化是一種幸福。南京的地鐵很乾淨，很整齊，建造的水平很高。從火車站坐到玄武門，走到充滿文化風味的湖南路，看到了鳳凰廣場。據說，這裡的鳳凰國際書城是華東最大的書店之一。我從未遇見過如此具有文化味道的新華書店，它給我的感覺有點像北京的「光合作用」。

走進跟書店挨著的星巴克。有沒有星巴克通常是我判斷中國城市現代化程度的重要標準。我跟平時一樣點咖啡：「本日中杯帶走。」有點帥氣的年輕男服務員看到我後表示驚訝，說：「你是經常上鳳凰衛視的加藤嘉一嗎？」昨晚的酒勁似乎還沒有完全緩過來的我勉強說是。小帥哥說：「昨天我還看你在《鏘鏘三人行》談房子來著呢。我給你大杯吧！」我靦腆地表示謝意。

這哥們兒很不錯，南京大學大二的學生。他四個月前開始在那打工，一個月平均打一百個小時，薪水為一小時十元，一個月賺一千多，特權是幹四個小時可以自己倒杯咖啡喝。他是通過星巴克店長和區經理的面試成為星巴克人的。我問：「像你這樣邊上學邊打工的大學生多嗎？我一直在北大鼓勵學生去麥當勞打工，但沒什麼效果呢。」他說：「不是特別多，一部分吧。我是因為很喜歡星巴克的氣氛，所以過來上班學習學習，在這裡可以接觸到課堂裡學不到的東西，天天在學校裡太悶了。」我表示敬意：「小夥子不錯，也可以順便跟老外客人鍛鍊英文是吧？一舉多得啊！」他笑著說：「哈哈，是啊！您這樣說很像電視裡的風格呢！」看到了好現象，我很開心，下決心繼續鼓勵北大學子走出校園，到麥當勞、星巴克等場所去打工。社交是中國大學生，尤其是自以為是的菁英分子最為缺乏的本事。

第二天早晨，我去參觀位於江東門的侵華日軍南京大屠殺紀念館。上次本來想去參觀的，但不巧當時正好裝修，沒能去成。這次終於能去了，我在心裡進行著準備。裝修後的紀念館，很乾淨，很莊重，以黑色或灰色爲基調，感覺很「凝重」。

「三十萬」絕對是個讓人震撼的數字。遇難者的數字在兩國之間，甚至在兩國國內一直存在爭議。突然想起，最近由兩國政府主導的中日共同歷史研究會發表研究報告，對於南京大屠殺的「數字問題」表示求同存異的精神，即日方明確承認南京大屠殺的史實，對於飽受爭議的「數字問題」，雙方就盡可能避免政治化，讓兩國的歷史學家靠時間和交流逐漸縮小距離。

進去就看到了「南京淪陷」的短片，日本兵在大喊「祖國萬歲」。紀念館利用當年各種圖片、工具、報紙、影像等描述日軍侵占南京，屠殺無辜平民的事件與過程，其中有中國倖存者的證言，也有日本侵略者的見證。對我來說，這是充實知識、重新思考的好機會。我盡量設身處地，回到歷史現場，同時從加害方日本兵和受害方中國人的立場來感受歷史，思考歷史，並提出了許多假設——假設日本文官能夠控制軍方失控，假設日本沒有打敗沙皇俄國，假設中國近代以來成功實施百日維新……雖然我深知，歷史永遠是不能假設的。

周圍都是團隊遊客，看著日本兵屠殺中國人的場景描述，參觀現場瀰漫著沉重和壓抑的氣氛。參觀者大多是理性和肅穆的。看完之後，我心情很沉重，也很複雜。最後一個部分主題爲「前事不忘，後事之師」，我看到了胡錦濤與福田康夫、毛澤東與田中角榮握手的照片，中日經貿額數據（二〇〇六年二千零七十三億美元），日本對華政府開發援助資料（一九七九—二〇〇四，大約三百億美元）……這些內容讓人聯想未來。看了全部展覽，我感到它既正視和重視歷史，同時又不爲了激發仇恨，而是一種以史爲鑑的態度。從中能感受到一種向前看的胸懷，和企盼中日世代友好的強烈心願。

走出展館，來到室外，南京的陽光乾淨而明亮。我來到紀念碑前，穿著正裝，打上領帶，端正姿勢，閉上眼睛，鞠躬。作爲一名日本的年輕人，我謹代表個人，對於我國曾經發動的錯誤戰爭表示沉痛反省，對於遭受巨大傷害的中國民衆表示歉意，並祈禱中日兩國人民世世代代友好下去！

「國民感情」一詞是什麼時候，從哪裡發明的，我沒進行過考證，但這個詞對中日關係來說，早就成爲一個不容忽視的重要方面，是大家思考中日關係時必須正視並小心處理的話題。

「國民感情」對中日關係來說，是個「現象」還是「問題」？據我觀察，以前或許是「現象」，現在則已經是後者了。尤其在敏感而複雜的中日關係上，我們容易犯簡單的錯誤，即把現象和問題弄混亂，換句話說，是低估或高估的問題。對於現象，不該過多追問、爭論，免得氛圍惡化。對於問題，則不該輕率對待、處理，免得造成衝突。毒餃子事件、東海油田開發、反日遊行、靖國神社、《南京！南京！》、兩國潛艇相撞……大家可以從自身的觀察作出判斷，其中哪些是現象，哪些則是問題，這種判斷，極爲重要。

我在北京度過的二〇〇三—二〇〇九這幾年中，中日關係可以說是充滿曲折，這種波折對中國人和日本人都是一種考驗。

二〇〇五年，整整一年的時間中，兩國政治關係的惡化成爲兩國國民間相互信任發生惡化的主要原因，如何處理容易直接傷害到國民感情的歷史認識問題，對日本和中國來說是很棘手的事情。從這點看，二〇〇五年的確是充滿風波的一年。一場日本作爲加害方，中國作爲受害方的中日戰爭已經結束六十年了，關於「如何認識歷史、超越歷史」的問題，不讓歷史問題繼續成爲阻礙兩國關係發展的絆腳石，的確是到了兩國國民達成共識的時候了。只有解決好這個問題，兩國關係才有可能邁向新台階。但現實是嚴峻的。現在回顧起來，二〇〇五年本來是可以改善陷入困境的政治關係的契機，但恰是在那一年，中日關係反而更加惡化了。

二〇〇五年也是中日關係圍繞日本「入常」問題、日美安保重新定位東亞戰略（二加二）、歷史教科書、靖國神社以及中國國內紛紛發生反日遊行等各種問題層出不窮的一年。我當時留下的印象是，兩國間國民感情的變化呈現互動而雙向的特徵，即甲方對乙方的感情惡化，乙方對甲方的感情在很大程度上也相應惡化，惡化和惡化之間又彼此具有激化和升級的作用，形成作用與反作用的關係。毋庸諱言，媒體在其間起到了催化劑的作用。在我看來，中日媒體雖然其社會作用不同，因此戰略不同，但在報導方式上卻正在趨同。

二〇〇八年則是多事之年。毒餃子事件、中國領導人訪日、汶川地震、北京奧運、金融危機……這些重大事件考驗著中日兩國政府和人民。那一年也是《中日和平友好條約》締結三十周年、中國改革開放三十年、日本對華政府開發援助（ODA）的有償部分結束年，是充滿象徵意義的年份。不過，從國民感情的角度看，中日兩國又遭到了一個更加深層的問題，即國民感情的發展，出現了惡化和非良性循環的狀況。

二〇〇八年六月至七月，中國日報社和日本非營利組織「言論NPO」針對兩國大城市普通市民、學生、知識階層等一千五百至二千五百人共同舉行了調查。調查顯示，有百分之八十二點三的中國市民和百分之六十四點九的學生對中日關係的未來抱有比較樂觀的態度，比二〇〇七年同類調查的比例有所增加。但認爲今後兩國關係將會變好的日本市民和知識階層人士所占比例分別爲百分之三十二點二和百分之五十點八，比二〇〇七年分別下降了百分之八點七和百分之十六點九。據調查，百分之七十五點三的中國公衆和百分之七十六點三的學生認爲過去一年中日關係有所好轉，但只有百分之二十五點二的日本市民認爲兩國關係在過去一年有所好轉，近百分之二十九點五的日本受訪者認爲這一年來兩國關係惡化，比回答「改善」的受訪者高出百分之四點三。另有百分之七十五點六的日本受訪者表示對中國印象不好，比二〇〇七年上升了百分之九點三。

一目了然，與中國人對日感情好轉相比，日本人對華感情不僅沒有好轉，還有所惡化。原因似乎顯而易見。就中國人對日感情好轉而言，主要與中日關係的實際進展、穩定趨勢以及政府、媒體的宣傳姿態有關係。胡錦濤主席訪日之際，中國媒體大量刊文，說明「暖春之旅」的意義；汶川發生大地震之後，日本救援隊的積極表現也給中國民衆留下了深刻的印象；日本代表隊在奧運開幕式上拿著中日兩國的國旗；水上芭蕾比賽中，日本籍教練井村雅代爲中國隊成績的提升起到了積極的作用，在女足四分之一決賽中，中國隊和日本隊展開了友好競賽……中國民衆相對積極、正面看待這一系列過程。二〇〇八年在相對友好的國內氛圍之下，中國民衆對日本的觀感發生了切實的變化。

相比之下，日本人爲何不看好中日關係？首要的原因，當屬「毒餃子事件」。

從二〇〇七年十二月底至二〇〇八年一月下旬，日本兵庫、千葉兩縣的一些地區，若干個家庭約十人先後發生嘔吐、腹瀉的食物中毒症狀，被送醫救治。其中三人情況嚴重，一名兒童一度昏迷。經調查，發現所有患者在發病前均食用過原產於中國河北省石家莊天洋食品廠的同一品牌的冷凍餃子。日本媒體隨後紛紛大量展開報導。例如，日本最大報紙《讀賣新聞》從一月三十一日至二月二十八日總共發表了一百五十六篇有關報導。中國食品在日本的公信力一時間一落千丈。雖然兩國政府始終高度重視解決本次事件，兩國最高領導也共同表達合作姿態，但本來只不過是一樁跨國性的刑事案件，最後卻成爲了涉及到兩國「國家利益」或「面子」的政治、外交事件。這是該事件的最大教訓，這也是導致日本民衆二〇〇八一整年對中國的信任度嚴重下降的根本原因。至今，許多日本人依然認爲中國是危險的國家。由此也可見，國際關係中沒有小事，如果不是確實出現過，誰能想到一種問題食品會在兩國關係中引起那麼大的麻煩呢？

二〇一〇年三月二十六日半夜，新華社報導說：「二〇〇八年初，河北石家莊天洋食品廠出口到日本的餃子發生中毒事件後，中國政府高度重視，經過連續兩年堅持不懈的努力，近日查明此次中毒事件是一起投毒案件，中國警方已將犯罪嫌疑人呂月庭抓捕歸案。中毒事件發生後，本著對兩國消費者高度負責的態度，從全國抽調偵查、檢驗等各方面專家，成立了專案組。中國警方投入大量警力走訪調查，克服了作案時間與案發時間相隔久、現場客觀物證少等困難，開展了大量艱苦細緻的偵破工作。現已查明，犯罪嫌疑人呂月庭（男，三十六歲，河北省井陘縣人，原天洋食品廠臨時工），因對天洋食品廠工資待遇及個別職工不滿，爲報復洩憤在餃子中投毒。呂月庭對投毒作案供認不諱。公安機關已提取到呂月庭作案用的注射器，並收集到大量的證人證言。目前，此案還在進一步工作中。」

這一消息在幾乎同一時間由中國外交部通告日本駐華大使館。日本首相、外相等紛紛表示謝意或敬意。三月二十七日，在封面頭條報導此事的日本媒體對新華社報導（中國官方立場）表示極大關注，並評論說「告了一段落」。

「毒餃子」風波所帶來的教訓，值得兩國官方和民間認眞總結。

說到此，作爲一個學習國際政治的年輕學人，我想不揣淺陋地提出對中日關係今後走向的三點基本判斷：一、中日關係總體上正在向積極的方向發展；二、「國民感情」是困擾中日關係的最大問題，具有複雜性、長期性以及脆弱性；三、既然國民之間的感情隔閡是最大問題，我們必須嚴肅處理的應該是容易挑動民族情緒並很有可能導致信任危機的突發事件（emergency event）。類似毒餃子或毒奶粉一類食品安全事件、日本首相參拜靖國神社、潛艇追蹤、本國企業對對方市場推出的惡劣產品或廣告、留學生與當地學生之間的衝突、在日華人犯罪、日本經營者與中國勞動者之間的矛盾等突發性的事件，對中日關係的走向來說是最不確定、最有風險的影響因素。因此，有關人士應該爲了兩國關係的健全發展及國民感情的穩定而穩妥、謹慎地處理以上相關問題。

我堅持認爲，妥當處理突發事件，是治理中日國民感情問題的關鍵所在。在兩國元首外交定期舉行，社會、經貿、人文等多層次的民間交流頻繁展開的大氛圍、大框架之下，兩國只要能妥當處理突發事件，中日關係絕不會走錯方向，一定能夠全面推進戰略互惠關係。

我想探討一個問題。當中國和日本下一次遇到既涉及到國民民生或民族情緒，也涉及到國家的根本利益或尊嚴的問題的時候，兩國該怎麼應對，如何有效處置？最好的可參照案例應該是「毒餃子」事件。中日本次對毒餃子事件的處理方式是有缺憾的，值得我們反思。而作爲反思的一個部分，我想提出導致後果的三個原因，即體制的慣性、認識差異以及危機管理的不足。這既獨立又互動的三種因素，恰恰也能爲我們提供妥當處理突發事件的線索；此線索則可以提供處理國民感情問題的鑰匙。

「體制的慣性」是相對長期的課題。今天，人們說，日本是資本主義國家，中國是社會主義國家，無論其稱呼如何，兩國的體制不同是個事實。中國和日本，都是具有自己政府、領土、國民、主權的獨立國家，他們有權利選擇自己的政治體制。政治體制一旦形成且運轉良好，一般都具有相對的穩定性，即使變化，過程也會是比較漫長的。從二十一世紀的時代趨勢看，一個主權國家閃電式改變政體的可能性很小。這個事實對中日關係來說，是必須面對的現實，處理任何問題時，其方式都要考慮到如何克服各自不同的體制慣性帶來的困難。

「認識差異」（perception gap）是相對中期的課題。認識差異爲何存在，原因是複雜的。歷史傳統、政治體制、國民性、價值觀、文化因素、社會基礎、經濟發展、國際關係等等都或多或少影響一國國民對自己、對他者的認識。既然如此，一國內部的認識已是多樣化，跨國認識就更加五花八門，差異的存在是必然的。我認爲，在兩國之間，認識差異的存在本身不是問題，但與「國民感情是可變、可治理、可管理」一樣，認識差異也有健全與惡性之分。因此，中國和日本都有必要培養本國國民對對方國家、國民相對準確的認識以及客觀定位自己的意識。可是，由於相對不穩定的政治關係、正在變化的經濟實力對比、軍事力量因素、不離不近的文化淵源、微妙的美國因素等原因，中日相互改善認識差異的過程將不會是一蹴而就的。

「危機管理的不足」是相對短期的課題。換句話說，是能夠及時改進的。其實，不能否認，這個不足與上面兩個因素密不可分。正因爲體制慣性、認識差異存在，才增加了危機管理的難度。不過，中日兩國各界人士通過內外的對話與協商，能夠加強危機管理的力度，盡量降低風險。在毒餃子事件中，政府的危機管理機制有相當大的改進空間。因爲，對今天的中日關係而言，合作是主流，對抗是逆流。我建議，中日兩國盡快著手研究建立中日突發事件應急處理機制，成立一個突發事件委員會之類的常設機構，其成員由雙方政府高級別的領導領銜，政府相關部門，外交、公安，商界、媒體界、學界、文化界、演藝界、非政府組織、教育界以及青少年代表組成，定期舉行會議，平時保持緊密溝通，相互交換信息。一旦兩國國內發生涉及兩國人員的事件，比如，在華日本企業的日本經營者毆打了中國員工，中國員工集體罷工抗議；在日華人向日本無辜國民實施犯罪行爲，引起反華情緒快速蔓延等，雙方快速召集委員，共同探討應對措施，向有關部門提供參考意見，或者直接採取相應的處理措施。

我有一個觀點，中日之間的許多問題來源不在外交政策本身，而來自內政的衝突。

三十年前，日本正處於經濟高速增長期，在亞洲國家中率先實現了現代化。中國則正値改革開放之初，經濟發展相對滯後。兩國於一九七八年簽訂和平友好條約，中國明確改革開放方針後，日本政府立刻向中國提供政府開發援助（ODA）並始終支持中國改革開放，促進兩國經貿關係發展。面對這種單純的經濟聯繫，兩國人民的感受反而相對踏實、穩定。中日關係這樣走過了三十年。

今天，中日兩國國力對比發生了很大變化，兩國之間的交流也既深且廣，與當初不可同日而語。貿易額、投資額、航班數、友好城市、高層對話、文化交流、軍事交流、青年論壇……各個方面的交流水準都大大提高，中國和日本已經從簡單的「一衣帶水」走向了複雜的「相互依存」的關係。另一方面，隨著交流的增多雙方之間的摩擦多了，誤解也深了。

中日將走向下一個三十年。站在歷史的拐點，面對錯綜複雜的外交關係，筆者願意提出與中日關係密切關聯的一個問題：中日關係中的「問題來源」是什麼？我認爲，問題的根源與其說是兩國對外交關係的處理不恰當，不如說是兩國間內政衝突的不斷深化。外交是內政的延伸，問題是，內政究竟如何延伸到外交？中日內政與外交呈現出什麼樣的關係？假如兩者的關係不健全，又應該如何應對？中日內政的衝突確實影響著良性的外交關係。兩者絕不是單純延伸，而是複雜互動，有時甚至陷入惡性循環。中日內政衝突有兩個層次。

一、政治體制層次。日本首相經常更換，一直使得中國感到日本政治不值得信任、不靠譜。我曾在中國多種場合聽到類似「因爲日本老換首相，所以中方沒法制定比較長期的對日戰略政策」的說法。日本的這些「怪象」到底從何而來？選舉制度、國際形勢、輿論壓力、國民對政治的不信任、人才不足等是直接而深遠的原因。如何在健全競爭的選舉環境下，培養能夠承擔國家未來的人才，日本政治恐怕還有一段路要走。

我也曾在日本多種場合聽到類似「因爲中國體制不透明，所以日方沒法制定長期的對華戰略」的說法。中國高層始終努力推動民主政治建設，在民間層面，民主的意識也在不斷提高，民主是個好東西正逐漸深入民心。儘管如此，由於國家的發展階段、歷史傳統以及複雜國情等原因，中國的改革恐怕也還有一段較長的路要走。

二、歷史認識層次。許多中國人認爲「日本人總不反省歷史，不懂歷史」。不少日本國人認爲「中國人老提出歷史問題，總有話說」。兩國在歷史問題上還有不少未解決的問題，擴大在歷史認識問題上的交集還有很多工作可以做。

政治體制與歷史認識的差異是兩國內政衝突的兩大來源，這使兩國時有互不信任的情況出現，不利於中日關係長期健康的發展。今天中日關係的信任機制在某些方面還是空白的。

那麼，問題是，兩國應該怎麼辦？我一直相信一句話：辦法總比問題多。總有辦法，永不放棄。中國人和日本人都不應該忘記這條準則。我向兩國領導人、政府及有關部門和人士建議，中日應該通過加強、深化以下三個方面的工作，通過努力，盡可能避免衝突，尋找和諧共處的道路。

第一，元首外交的機制化。政治是國家關係的根本所在。兩國元首頻繁、定期的接觸有兩個好處：能夠向國民展示兩國之間的友好關係，能夠在最高領導之間開誠布公地談論雙方關心的熱點、重大問題。無論從象徵還是實際意義看，元首外交都是國際關係中最重要的外交方式之一。二〇〇八年胡錦濤訪日期間中日雙方簽署了《中日關於全面推進戰略互惠關係的聯合聲明》，「雙方確認，增進政治安全互信對構築中日戰略互惠關係具有重要意義。雙方決定，建立兩國領導人定期互訪機制，原則上隔年互訪，在多邊場合頻繁舉行會晤」。我認爲，除非再出現日本首相參拜靖國神社等重大事件，兩國元首外交陷入停止狀態的可能性不大。

第二，頻繁、廣泛的交流。當今中日關係與三十年前最大的不同在於交流的頻繁和廣泛。經貿關係始終引領兩國整體關係，中國已成爲日本最大貿易夥伴，人文交流逐步從官方擴展到民間，高層對話的活躍前所未有。元首外交的作用是爲兩國關係奠定政治基礎，高層官員的接觸，經貿、社會文化、青少年、文藝等交流則是實實在在支撐、推進中日關係的根本基礎。它們和元首外交兩者缺一不可。

第三，危機管理的具體化。只要元首外交機制化、多層次的頻繁交流廣泛開展，中日關係一定會向前發展，不會錯過正確方向。唯一剩下的不安定要素是突發事件的發生。兩國的國民感情仍相對脆弱，甲方的民族主義必然引起乙方的民族主義，發展下去可能陷入惡性循環。在此情況下，雙方外交當局還能務實推行政策嗎？因此，雙方都應建立兩國各界人士共同參與的機制。其過程必須超越政治文件中的確認，培育從政府到民間的各種聯繫管道，以圖保持溝通，分享信息，管控風險。

中國和日本都正站在歷史長河中的新的關鍵點上，都面臨著發展的任務。正因爲如此，我們才有必要充分認識到「與對方交流」，即外交的作用。我堅信，兩國各界人士不斷、踏實、誠懇的努力能夠逐步化解內政衝突，使得跨時代的中日關係走向更高的台階。

作爲一名生活在中國的日本人，我希望我的祖國繁榮、穩定，也希望對我產生重要影響的中國繁榮、穩定，不斷進步，希望兩國之間的友好關係不斷發展，造福兩國人民，也爲東亞乃至世界的和平與穩定作出貢獻！

後記

從北京到伊豆有多遠

昨晚幾乎沒睡著覺，身體在發抖，心裡在擔心。

白天，隔著東海的日本那邊，我母親、弟弟、妹妹，還有父親的姊妹們在醫院病床旁陪護著父親。妹妹及時給我發E-mail：「幾乎所有親戚都匆匆忙忙來醫院了，我也抱著兒子來了。父親已經睜不開眼睛了，很痛苦的樣子，醫生說已經陷入最危險期了，說我們要做好心理準備，哥哥，你最好也準備一下……」

之前，我在三月十六日——二十二日回去了一趟，陪著父親曬曬太陽，散散步。我看到的父親不像過去愛開玩笑，他不光不能像過去那樣喝酒抽菸，甚至已經不能吃任何東西，只能打點滴補充營養了。他說話很困難，耳朵也聽不太清楚。

見到遠道趕回來的兒子，雖然說話艱難，他還是努力表達著一個父親對兒子的關心：「你金錢沒事吧？別專程回來，別浪費，錢很寶貴。」突然回想起，我剛剛到北京的二〇〇三年春天，「非典」高峰時期，日本駐華使館勸告我們回國，避開危險，我給家裡打電話解釋狀況，父親的反應也是說：「你說什麼？別回來了！機票好貴啊，別浪費，錢很寶貴！」

凌晨四時看到妹妹最新的E-mail：「三時五十四分，爸爸在我們的看護下，安靜地、不痛苦地，走了……」我沒有反應，沒有暈倒，沒有流淚……不知道爲什麼，爲什麼自己如此冷靜，父親去世了，不傷心嗎？我傷心；不失望嗎？我失望；不崩潰嗎？我處在崩潰的邊緣，只是哭不出來……

或許，我早就準備好了這麼一天的到來，胰腺癌的晚期嘛，靠著現有醫療技術，是無法挽救的。或許，我這個人太理性了，對生與死的問題看得太透徹了。

這也許與我幼年時期經歷的一次車禍有關係，早就對生和死持有和一般人不一樣的觀念。

記得是三月十五日那天，我正在北京忙於各種各樣的事情，抽空給家人打電話，母親不在，弟弟接的電話。問到父親的病況，他說：「我感覺他已經沒有力氣了，不說話，也不能吃東西了。我覺得，你應該回來，估計再過一段時間，爸爸恐怕再不能說話了。你會後悔一輩子的。」我弟弟一般不會以這樣的口氣說話的，我明顯感覺出情況的嚴重，就立刻去訂機票。感謝弟弟，若沒有他的警告，我就不會有那樣的緊迫感，眞的就錯過了父親生前的最後一面了，對於長子來說，那將是多麼無法挽回的遺憾啊！……

已經訂了機票，坐明天最早的飛機回國，參加晚上靈前守夜和後天的葬禮。

在這本書即將出版之際，我的心裡有些許的欣慰。這既是一本關於我個人、關於中國和日本的書，同時它也是一本關於我的父親、關於一個平凡的日本家庭的書。

我特別要把它供奉給我的父親——一個一直在奮鬥、在掙扎但卻談不上成功的日本男人。並爲他的在天之靈祈禱。

在此，我要感謝江蘇文藝出版社，感謝本書的責任編輯于奎潮老師。當初，是于老師主動聯繫我，提出合作的動議。我上一次到上海，也是爲了參加第一財經《頭腦風暴》節目。節目錄製完成後，跟從南京專程趕來的于老師見面，我們一見如故，邊吃四川菜，邊交流圖書選題構想，我們聊得很投機，聊得坦誠、充分而開心，碰撞出許多火花。此次南京行，于老師到南京站接我，並全程陪同……沒有于老師的鼓勵與關懷，就沒有我的這本「成長史」與「觀察史」。

我要感謝我的母親。我是沐浴著母愛長大的。母愛是我奮鬥的最大動力，母親是我生命中最重要的人。母子之間心靈相通，以心傳心，母親永遠是我的驕傲，我心靈的依靠，但願我也能成爲母親的驕傲。我的母親雖然很平凡，但在我的心目中，她是這個世界上最偉大的母親，在此，我願對世界上最偉大的母親說一聲：

媽媽，我愛您。

二〇一〇年三月二十八日於北京

INK PUBLISHING
文學叢書 322
從伊豆到北京有多遠

作　　者　加藤嘉一
總 編 輯　初安民
責任編輯　洪玉盈
美術編輯　林麗華
校　　對　吳美滿 洪玉盈 加藤嘉一

發 行 人　張書銘
出　　版　INK 印刻文學生活雜誌出版有限公司
新北市中和區中正路800號13樓之3
電話：02-22281626
傳眞：02-22281598
e-mail：ink.book@msa.hinet.net
網　　址　舒讀網http：//www.sudu.cc

法律顧問　漢廷法律事務所
劉大正律師
總 代 理　成陽出版股份有限公司
電話：03-3589000（代表號）
傳眞：03-3556521
郵政劃撥　19000691 成陽出版股份有限公司
印　　刷　海王印刷事業股份有限公司

出版日期　2012年5月　初版
ISBN　978-986-6135-89-7

定　價　300元

國家圖書館出版品預行編目資料

從伊豆到北京有多遠 / 加藤嘉一 著；
--初版, --新北市中和區： INK印刻文學，
2012. 05　面；15 × 21公分.（文學叢書；322）
ISBN　978-986-6135-89-7 (平裝)

783.18　　101007094